木村草太の憲法の新手　4

本書は「沖縄タイムス」紙で２０１５年から２０２３年まで連載した同名企画の21年４月18日付～23年５月21日付の第１５０～２００回までをまとめたものである。人名の肩書、団体名などはすべて当時のままである。

単行本化に当たり、著者は本文の加筆訂正を一部施し、注釈・解説は沖縄タイムス社出版コンテンツ部の責任で追加した。また、掲載時の状況が分かるよう、本文前に解説・記事の引用を挿入した回もある。

日本国憲法条文の引用は新仮名遣い・算用数字の表記に改めた。

木村草太の憲法の新手 4 ● もくじ

木村草太の憲法の新手 4

150

生活扶助基準の違法判決

4.18/2021

■生活保護引き下げ「違法」

２０１３～15年の生活保護費の基準額引き下げは生存権を侵害し違憲だとして、大阪府に住む受給者ら42人が国と府内の自治体に１人１万円の慰謝料や引き下げ処分の取り消しを求めた訴訟の判決で、大阪地裁（森鍵一裁判長）は22日「引き下げは裁量権の逸脱や乱用があり、生活保護法の規定に反し違法」と判断し、原告39人に対する処分を取り消した。（２０２１年２月23日付「沖縄タイムス」）

今年２月22日、大阪地裁は、２０１３年に行われた生活扶助基準引き下げを違法とする判決を出した。

憲法25条１項[*1]は国民に「健康で文化的な最低限度の生活」を保障する。これを実現するため制定されたのが生活保護法だ。生活保護には、衣料や食品等の日常の生活費（生活扶助）、住宅扶助、教育扶助など合計八つの扶助項目がある。生活扶助の基準は、厚生労働大臣が決定し、5年ごとに見直される。

1974年度以降、生活扶助基準は、生活保護を利用しない一般国民の消費実態とのバランスによって決定されてきた。これを「水準均衡方式」という。2013年の改定は、従来の水準均衡方式で算出された金額に、（1）ゆがみ調整と（2）デフレ調整を施して算出された。

では、（1）ゆがみ調整とは何か。生活扶助基準は、年齢・世帯人員・居住地別に定められている。各グループの扶助基準を、一般低所得世帯（生活保護を利用しない世帯の中で最も所得の低いグループの世帯）の消費支出と比べると、均衡している部分もあれば、高い部分、低い部分もあった。厚労省は、各グループの基準額の比率を、一般低所得世帯の消費支出の比率に合わせて改訂した。

（1）ゆがみ調整では、年齢等の要素による「比率」は調整されるが、「金額」そのものは調整されない。基準額を一般低所得世帯の消費支出に合わせたいなら、金額も消費支出

＊1　憲法25条1項　すべて国民は、健康で文化的な最低限度の生活を営む権利を有する。

額を基準に決めればよいはずだ。ところが厚労省は、独特の方法で計算した08年から11年の物価下落率を用いて金額を算定した。これが（2）デフレ調整だ。

判決は、（2）デフレ調整には次のような問題があると指摘し、13年の改定は違法だと認定した。第一に、08年は、世界的に原油価格・穀物価格が高騰した。しかし、その物価高に合わせて生活保護基準額が改訂された事実等はなく、この年を物価変動の基準点とする理由が乏しい。第二に、厚労省は教養娯楽項目の物価下落の影響が増幅される計算方式を採用した。しかし、生活保護世帯では一般世帯に比べ教養娯楽費の支出割合が低く、合理的な計算ではない。

判決が問題視した（2）デフレ調整は、原告側も強く問題としてきた点だ。生活保護基準の決定は、厚労省の専門的判断を尊重すべき事項とされてきたから、裁判所が踏み込んだ判断をしたことは高く評価されるべきだ。

ただ、（1）ゆがみ調整を是認した点には疑問が残る。水準均衡方式を採用するなら、一般低所得世帯ではなく、一般世帯全体との均衡を図るべきではないか。というのも、一**般低所得世帯には、本来、生活保護を受けるべき世帯も多く、「健康で文化的な最低限度の生活」には足りない可能性がある。**

また、消費実態とのバランスで基準を決定する水準均衡方式を採用するならば、消費金額のみに着目すべきではないか。物価変動を加味する（2）デフレ調整という手法を付加することと自体に、合理性がないように思われる。

同様の訴訟は、全国各地で提起され、国側が勝訴したものもある。訴訟を通じて、生活保護基準決定の透明性が高まることに期待したい。

151 憲法の意義

5.2/2021

5月3日は憲法記念日。憲法の意義について改めて考えてみたい。

憲法とは何か。この問いにはいろいろな答え方がある。私は、「過去の国家権力の失敗をリストにし、それを繰り返さないようにする規範」という説明を好む。国家権力は、過去に、（1）戦争（2）人権侵害（3）独裁という大失敗を繰り返してきた。そこで近代以降、国家を成り立たせるルールである憲法に、（1）～（3）を繰り返さないための工夫を盛り込むべきだ、と考えられるようになった。これが立憲主義だ。

日本国憲法では、（1）第2章に戦争放棄と軍隊不保持（2）第3章に国民の権利（3）第4章以下に三権分立・二院制・地方自治といった権力分立が規定されている。

憲法の理念、特に、（2）「国民の権利」については、国民に広く定着してきたように思われる。例えば、この1年のコロナ禍でも、感染症対策と「移動の自由」「営業の自由」「補償を求める権利」などとのバランスが、憲法に依拠して活発に論じられてきた。

他方で、民主主義や権力分立の基本を定める（3）「統治機構」に関する憲法原則が軽視される事態が続いている。

例えば昨年2月、当時の安倍晋三首相による全国の学校一律休校要請は、法的根拠が曖昧だった。憲法は「法律による行政」の原理を定め、国民の権利を制限するには、「制限に合理的な理由がある」という実質的根拠だけでなく、「国民の代表が法律の形式でそれを認めた」という形式的根拠が必要だ。

子どもたちの教育を受ける権利を制限する場合にも、「それが科学的に見て感染症対策に必要だ」というだけでなく、法律の根拠が必要だ。しかし、休校要請による混乱以降も、感染症対策の「法律の根拠」への議論は活発ではなく、さまざまな要請の根拠となる特措法の整備や改正の動きはとても鈍いものだった。

あるいは、この連載でも何度か論じてきたように、**辺野古新基地建設についても、統治機構に関する憲法原則の軽視が顕著だ。**米軍基地の設置は、設置自治体の自治権を大きく制限する。自治体の自治権に関する事項は法律で定めねばならないとする憲法92条[*1]に照らすなら、基地設置に伴う自治権制限の根拠法を法律に定める必要がある。その場合、特定自治体の自治権を特別に制限することになるので、憲法95条[*2]の求める住民投票が必要だ。しかし、米軍基地設置の根拠法や住民投票の整備は進まない。

他に、内閣が4分の1以上の国会議員による国会召集要請（憲法53条[*3]）に応えなかったこと、公務員の人事は「法律の定める基準」（憲法73条4号[*4]）に従う必要があり、日本学術会議法7条3項[*5]は改選期ごとに105人の任命をしなければならないと定めているのに、首相が会員を99人しか任命しなかったことなども、統治機構に関する憲法原則の無視・軽視だ。

統治機構の憲法原則の軽視・無視は、国民の権利の侵害のように、特定の人が重大な被害を受けるわけではないので、問題が伝わりにくい。しかし、これを放置すれば、政府は、国民やその代表の監視を免れ、国家のあり方をゆがめ続ける。改めて、憲法の意義を考え直す必要があろう。

＊1　**憲法92条**　地方公共団体の組織及び運営に関する事項は、地方自治の本旨に基いて、法律でこれを定める。

＊2　**憲法95条**　一の地方公共団体のみに適用される特別法は、法律の定めるところにより、その地方公共団体の住民の投票においてその過半数の同意を得なければ、国会は、これを制定することができない。

＊3　**憲法53条**　内閣は、国会の臨時会の召集を決定することができる。いずれかの議院の総議員の四分の一以上の要求があれば、内閣は、その召集を決定しなければならない。

＊4　**憲法73条4号**　法律の定める基準に従い、官吏に関する事務を掌理すること。

＊5　**日本学術会議法7条3項**　会員の任期は、六年とし、三年ごとに、その半数を任命する。

152 コロナ休業要請

5.16/2021

沖縄を含め、全国で新型コロナウイルス感染が拡大中だ。改めて、対策のあり方を考えたい。

長引く新型コロナ禍で、休業要請・命令と憲法上の補償請求権の関係に注目が集まっている。憲法は、公共のために財産権が制限された場合に補償請求権を定める（憲法29条3項）[*1]。他方、営業の自由の制限について金銭補償を求める条文はない（憲法22条[*2]参照）。ただし、営業規制は、店舗等の営業用財産の使用を禁止する側面もあり、財産権制限の一種と理解することはできるだろう。

では、憲法が補償を要求するのはどのような場合か。**営業規制に十分な科学的・法的根拠がない場合、そもそも規制は違憲・違法で無効だ。**補償が必要なのは、財産権の制限が合憲・合法で、かつ、規制の結果が「特別の犠牲」に当たる場合だとされる。

では、「特別の犠牲」とは何か。鉄道用地の収用は、その土地の所有者に負担が集中し、「特別の犠牲」の典型とされる。他方、食中毒を理由とした営業停止命令のように、営業自体の危険を理由にした制約は、営業に内在する制約として、「特別の犠牲」には当たらないとされる。

これを新型コロナ対策にあてはめるとどうなるか。現在の時短・休業要請の対象は広範で、全てが食中毒による営業停止命令と同質だと評価するのは困難だろう。ここで、政府が要請を出す科学的根拠を改めて確認しよう。二つの可能性が考えられる。

第一に、「コロナの主要感染経路は飛沫《ひまつ》・エアロゾル感染だ」という根拠からすれば、飲食や運動とは無縁な本屋やアパレル、あるいは十分に対策をとった個食前提の飲食店などの営業規制は過剰だとの考え方もできる。つまり、補償の要否以前に、要請の過剰部分は違憲・違法で無効と評価すべきこととなる。ただ、医療体制の逼迫《ひっぱく》を考えると、大規模な人流抑制を違憲・違法と断ずるのを躊躇《ちゅうちょ》する気持ちも分かる。

第二の考え方は、「少しでも人が集まれば感染可能性がある」ことを根拠に、人流抑制策自体は公共の福祉のために必要で合憲・合法と評価するものだ。ただ、同程度に人流抑制する方法は複数あるのが普通だ。

例えば、百貨店と大型家電量販店とで休業要請の効果が同程度だとしたなら、百貨店だけに休業を要請するのは不公平だろう。劇場等の営業も、観客にとっては晴れの日だとしても、演者・運営者にとっては、紛れもない生活の糧だ。こうした場合、「特別の犠牲」として憲法上の補償請求権が生じる余地もある。

さらに言えば、憲法は、憲法上の請求権がなくても、政策的に補償を行うことを禁じてなどいない。政府が国民の生活を考えて、相応の補償制度を整えるべきだ、との議論には説得力がある。

もっとも、第二の考え方による対策は、自由の制約が大きく、必要な財源も莫大《ばくだい》だ。データや知見が少なかった昨年はともかく、パンデミック（世界的大流行）から1年を経過した現在、「これまでに蓄積された科学的根拠に基づき主要な感染経路を特定して集中的・限定的な対策をしてほしい」と考える国民や事業者が多いのも当然だろう。

＊1　**憲法29条3項**　私有財産は、正当な補償の下に、これを公共のために用いることができる。
＊2　**憲法22条**　何人も、公共の福祉に反しない限り、居住、移転及び職業選択の自由を有する。

153 コロナ対策 二つの課題

6.06/2021

政府は、新型コロナウイルス感染症対策として、緊急事態宣言等による大規模経済規制と、急速な規制緩和のサイクルを繰り返している。緩和時には、「Ｇｏ Ｔｏ キャンペーン」や東京五輪など、景気刺激策も積極的に行う。ここには、少なくとも二つの課題がある。

第一に、この対策を有効に進めるには、活動を抑制するため、政府からの強く明確なメッセージが必要だ。

今年2月に改正された特措法とその施行令[*1]では、緊急事態宣言の要件を従来よりも厳格にし、「医療の提供に支障」、つまり医療崩壊が生じるほどの感染拡大・まん延とした（施行令6条）。もっとも、医療崩壊が生じるまで放置するのでは、あまりに無策だ。そこで、改正特措法は、緊急事態宣言の手前に「まん延防止等重点措置」を設け、罰則付きの時短要請などが行えるようにした。こうした二段階の対応には一定の合理性があるように思う。

しかし、まん延防止措置という名称は、国民に「まだまん延していない」という誤ったメッセージを発してしまう。実際、現在の運用をみると、まん延防止措置が大きな成果を上げてきたとは言い難い。本来、この措置は医療崩壊寸前で出される措置とされており(施行令5条ノ3第2項)、かなり切迫した事態のはずだ。名称の変更も含め、再検討が必要だ。

第二に、緊急事態宣言等に伴う経済活動規制が繰り返されることで、経営者も労働者も経済的困難に直面している。前回指摘したように、こうした規制は「特別の犠牲」には当たらないために憲法29条3項の要請でないとしても、政治的には補償が強く要請される。

この点、柔軟な財政出動のため、憲法に緊急事態条項が必要ではないか、と主張されることがある。

確かに、例えばドイツには、公債発行はGDP比0・35%を超えてはならないとの条項が憲法にある。自然災害等を理由にこの上限を超える場合には、憲法に基づき、一定の手続きをとる必要がある。これはある種の憲法上の緊急事態条項と言えよう。ドイツはコロナ対応としてこの手続きを経て、財政出動した。

しかし、日本国憲法には公債上限規定はない。新型コロナ発生前の平時でもそうだったように、国債を柔軟に発行すること自体はできる。

むしろ、日本の財政出動の問題は、枠が全くないことだ。財政法学者の藤谷武史教授は、昨年の国民1人10万円の特別定額給付金が、法律の根拠なく予算だけを根拠に行われたことを問題視している（法律時報92巻12号）。

法律の審議では、立法目的や立法事実の検証が行われる。しかし、予算の決議では、趣旨説明の方式が異なるため、給付金の目的や給付の仕組みを十分に明確にできない。特別定額給付金も、生活保障なのか、休業補償なのか、目的が極めて不明確になってしまった。

今後も経済対策のための多様な給付が必要となろう。**しかし、財源には限度があり、趣旨の不明確な給付金を出せば、財政援助の公平性に問題が生じ、将来に悪い前例を残すことにもなる。**緊急事態宣言下等に伴う給付金についても適切な根拠法を整えていくべきだろう。

＊1　**今年2月に改正された特措法とその施行令**　新型コロナウイルス感染症に関連し、緊急事態宣言の前段階として「まん延防止等重点措置」を新設し、特定の地域において私権制限を強化。営業時間短縮の命令や入院措置に応じない場合、行政罰の過料を科すとした。

154

性的同意

6.20/2021

権力格差と性的同意の関係が問われる事件・出来事が相次いでいる。改めて、「権力を背景にした性的同意はあり得ない」との認識を社会で共有する必要がある。

まず、5月末、児童相談所の職員が、一時保護をしていた10代少女に性的な行為をした疑いで逮捕されたとの報道があった。容疑が事実であるなら、事態は深刻だ。

一時保護中は、自由な外出ができず、常に職員と接する環境にあり、生活全般を職員に依存せねばならない。また、虐待の被害者の中には、対人関係に問題を抱え、過度に依存する人もいる。仮に、それを恋愛と勘違いしたのであれば、専門知が足りない。また、分かっていいながら、相手の弱みに付け込んだのであれば、極めて悪質な性的搾取だ。専門知と職業倫理の定着を徹底する必要がある。

また、6月にはこんな報道もあった。5月の立憲民主党の性犯罪刑法改正WGで行われた性的同意年齢に関する勉強会にて、本多平直議員が「50歳近くの自分が14歳の子と性交したら、たとえ同意があっても捕まることになる。それはおかしい」と発言した。報道を受けて、本田議員は謝罪した。

この発言の背景には、「同意」という言葉への無理解がある。真の同意には、「同意の結果、どのようなメリット・デメリットがあるのかを理解していること」と「同意が自発的なものであること」が必要だ。中学生が、性的行為によって生じる、感染症や妊娠のリスクを理解していると言えるのか。また、50歳と中学生では立場に大きな違いがあるのに、自発的な同意と言えるのか。「そこに性的同意が成立し得る」という考え自体が不適切だろう。真摯《しんし》な恋愛感情に基づいているというなら、相手が相応の年齢に達するまで待てばいいだけのことだ。

性的同意年齢の引き上げについては、例えば高校生同士の関係が刑罰の対象になることを警戒する人がいるのは分かる。しかし、例えば、同じ中学生・高校生の間では、権力格差がなく、自然な恋愛関係も多いこと、双方の判断力が未熟であることを考慮して、年齢差3歳以内は免責するなどの立法の方法はある。自然な恋愛を理由に、成人と中学生の間に性的同意が成り立つかのような主張は明らかに不適切だ。

権力格差が生じるのは、年少者に限られない。大学教員と学生、職場の上司と部下などについても、関係を断った場合に不利益が生じるのではないか—と心配して、真意に基づく意思表示ができないことも多い。そうした懸念のあるシチュエーションでは、適切な性的同意は成り立たないことを自覚する必要がある。それを分かって権力を乱用するのも、もちろん許されない。

さらには、「特定の立場にあることから生じる尊敬」と「恋愛感情」とを勘違いしないように、気を付けねばならない。教員や上司は、実際以上にカッコよく見えることもあるだろう。しかし、学問的・職業的尊敬は、学校や職場を離れた人間関係における尊敬に直結するものではない。

お互いに人間として尊重しあう関係をつくるには、権力格差への自覚が重要だ。

155 夫婦別姓で最高裁判断

7.04/2021

■夫婦別姓　再び認めず

夫婦別姓を認めない民法と戸籍法の規定が憲法に反するかどうかが争われた家事審判の決定で、最高裁大法廷（裁判長・大谷直人長官）は23日、「合憲」との判断を示した。２０１５年12月の判決に続き2度目。裁判官15人のうち11人が賛成し、４人は「違憲」とした。最高裁は、夫婦の姓を巡る制度の在り方は「裁判での憲法違反の審査とは次元が異なる。国会で議論、判断されるべきだ」として、立法府の取り組みを促した。（２０２１年6月24日付「沖縄タイムス」）

6月23日、最高裁は、別姓希望カップルを法律婚から排除することを合憲とする判断を示した。法律論の分析は法律専門誌で行うこととして、今回はざっくばらんに思うところを述べたい。

最高裁多数派は、次のような論理で、「氏の意味は法律が決める」と主張している。氏は、個人が選び取るものではないし、親や憲法から与えられたものでもない。法律が与えるものだ。氏の意味を定義するのも、個人や憲法ではなく法律だ。そして、法律は、「氏は個人ではなく家族の呼称であり、婚姻時に統一される」と定義した。氏が個人のアイデンティティーを示すとの認識は、法的に正しくないから無視してよい。

この主張は、形式論理としては筋が通っている。だからこそ、最高裁で多数派を形成したのだろう。しかし、氏の現実に照らすと空論だ。

法律に基づき与えられるものだとしても、氏は社会生活の中で個人を識別する記号として継続的に用いられている。名よりも氏が使われる場合も多い。

例えば、最高裁はしばしば長官の氏をとって「大谷コート」と呼ばれるが、「直人コート」とは呼ばれない。ここに言う「大谷」は、大谷家ではなく個人を示す。また、氏が個人の学問・芸術やスポーツでの業績と結び付く場合もある。こうした性質からすれば、そこに個人のアイデンティティーを感じる人がいるのは当然だ。

そして、「氏の意味」は、当人の過去の生の歴史の積み重ねの中で形成される。個人の過去を変えることはできない。自分の氏に何を見いだし、感じるかは、当人の意思では変更できない事柄だ。それは、自分の意思で決める服装や髪形よりも、障害やアレルギーの有無に近い。原告らと逆に、「氏なんてどうでもいい」と思っている人が、氏にアイデンティティーを感じろと言われても不可能だろう。

とすれば、最高裁多数派の言い分は、車いす使用者に対し「階段しかないのは差別ではない」とか、アレルギー対応の給食を手配しないことを「アレルギーを持つ子どもを排除する意図でメニューを決めたわけではないから問題ない」と言っているのと同じだ。最高裁多数派は合理的配慮[*1]を欠いている。

また、もうひとつ気になる点がある。最高裁多数派は、「通称使用で負担は軽減されるから、国会は責任を果たしている」と繰り返してきた。

しかし、通称使用は、法改正に取り組まずに、同氏強制による甚大な被害を放置する国会を尻目に、民間企業や学術団体・自治体などが、被害者に寄り添い、自らのできる範囲で被害を軽減しようと努力して認めてきたものだ。むしろ、国会が断固として維持する民法は、「夫又は妻の氏を称する」と定めており、文言上は通称使用を想定していない。通称使用に対して、国会に功績などない。

最高裁多数派の論理は、傷害事件について「お医者さんが治療してくれるから、傷害行為は違法でない」と言っているのと同じではないか。

通称使用の広がりは、「民間企業らが懸命に配慮しなければならないくらいに被害が大きい」という認定に使うべきで、「国会を免責する理由」として持ち出すのは、あまりにもずうずうしい。

＊1　**合理的配慮**　障害のある人もない人も分け隔てなく共生する社会のため、障害者に払われる必要な配慮。

156 ヤングケアラー

7.08/2021

今年5月17日、厚労省と文科省の連携プロジェクトチームは、ヤングケアラーに関する報告書をまとめた。ヤングケアラーとは、例えば、障害・病気のあるきょうだいや高齢親族の見守り・介護など、「本来大人が担うと想定されている家事や家族の世話などを日常的に行っている児童」と定義される。

子どもには、学習や部活動、同級生との遊びなど、子どもとして過ごせる時間が必要なはずだ。しかし、ヤングケアラーは、それを失っている。しかも、子どもたちにはそれが当たり前になっていて、「自分がやっていることは本来は大人の仕事だ」と認識できないことも多い。過酷な状況にありながら、大人に相談したり、支援窓口に行ったりできないことも多い。

報告書は、ヤングケアラーに関する社会的認知を上げ、当事者が相談をしやすく、福祉サービスなどにもつなぎやすくする施策が急務だとしている。また、ケアラーとしての実績は、勉学や部活動、ボランティア活動の業績と同様に、称賛の対象であって、推薦入試等の際に適切に評価することも重要だ。

これと関連して、私が気になったことがある。ヤングケアラーは、家庭内のケア労働に関わる概念だが、学校内でも生じているのではないか。

近年の学校現場では、さまざまな事情により、特別な配慮が必要な子がいることに注目が集まっている。目に見える障がいのある子もいれば、そうではない子もいる。例えば、生まれつきの脳の働き方の違いが原因で、行動・情緒の面で特徴がみられる、発達障害の子だ。自分の気持ちを伝えたり、相手の気持ちを読み取ったりするのが苦手な子、発達年齢に比して落ち着きがない子、読み書き計算など特定の学習にのみ困難が生じる子。あるいは、発達障害ではなくても、それぞれに、得意不得意はあるものだ。

他の子と比べて、困難を抱えていたとしても、その子の特性に応じて、適切な配慮をすれば、困難を軽減したり、能力を十分発揮したりできる。それには、一定の人員・設備が必要だが、近年の学校現場は、その整備に向けて努力を進めている。

これに関連し、学校現場では、聞き分けが良く、状況判断能力の高い子どもに、配慮の必要な子どもの「お世話係」を担わせる事例が見られる。教員が班決めなどの際に無意識にセットにすることもあれば、はっきりと「あの子のことをお願い」と依頼する場合もある。

お世話係は、当人の成長につながる経験だ。学校や教員が、そのことを十分に評価し、感謝を示せば、大人のお手伝いができたことがプライドにもなるだろう。他方で、一緒に遊びたい友達と遊べなくなったり、緊張を強いられて心身が疲弊したりすることもある。負担が重すぎれば、本人の本来の学校生活が犠牲になりかねない。

　こうした「クラス内ケアラー」とでも呼ぶべき問題は、あまり意識されていないように見える。**学校内の子どもの配慮は、大人の責任であり、担任の手で足りなければ、ケア担当の教員を配置・増員すべきだ。**文科省は、学校内のヤングケアラーの状況も調査し、学校のケア要員に不足がないか検討すべきだ。

157 過去の犯罪と不適切言動

8.01/2021

五輪開会式に関連して、過去に犯罪や不適切な言動をした人々に対する制裁と社会復帰のあり方が気になった。

過去にも、俳優やアーティストが犯罪等を行って、出演映画の公開を差し止めるべきか、作品を回収すべきか、が問題となってきた。彼らは音楽活動や芸術活動からどの範囲で、また、いつまで除外されるべきなのか。「二度と公の場に出るべきではない」から「個人の犯罪・言動と作品は別物だ」まで、意見は一致しそうにないが、何点か指摘したい。

まず重要なのは、被害者が加害者を一生許せないことはある、という点だ。被害者の中には、加害者の謝罪を受け入れる人もいるだろう。しかし、加害者がどれだけ反省していようと、被害者には加害者を許す義務はない。

ただ、そのことと、社会としてどこまでの制裁が許されるかは別問題だ。**社会は、適切な制裁を与える一方で、加害者を何らかの形で包摂していかねばならない。**

犯罪や不適切な言動があった場合、まず制裁や損害回復の責任を負うのは公的機関だ。国家は事案に応じて刑罰を科し、被害者が謝罪や損害賠償を求めることに十分な理由があると認めれば、加害者にそれを命じる。ただ、さまざまな事情により、裁判手続きが取られないこともある。

さらに、裁判手続きと並行して、あるいは独立して、犯罪や不適切な言動に対し、個人や私的団体が独自の基準で批判したり、内部的に処分したりすることはある。それは、個人の表現の自由や団体の内部自治の実現だ。ただし、それには注意点がある。

第一に、慎重に事実を認定せねばならない。裁判で犯罪や不法行為を認定するには、厳密な手続きで証拠を調べ、その判断過程を判決文に示す。過去の雑誌インタビュー記事等の真偽を調査するのは困難を伴うが、本人やインタビュアーに再確認するなどして、可能な限り丁寧に事実を確認する必要がある。

第二に、公平なルール作りが必要だ。抗議の声の大きさや、主催者の感覚だけで処分内容を決定しては、不当に現場復帰が妨げられたり、逆に、十分に処分されなかったりといった事態が生じ得る。今回の開会式でも、他にも除外すべき出演者や楽曲があったのではないかとの声が上がっている。

この点、五輪組織委員会からは、出演者等の選定や、不適切言動が明らかになった場合の処理について、何らかの基準を設けていたとの説明はない。基準があれば、あらかじめ依頼対象から外すこともできたし、問題発覚時に基準を示して説明をすることもできた。基準を設けなかったこと自体が、重大な過失ではないか。

そうした基準を作る際には、どのような事情があれば、活動を認めるのかを定めることも必要だろう。例えば、(1)事実を確認し、被害者に謝罪の言葉を述べ、損害を賠償する、(2)再発防止策を提示する、(3)社会奉仕活動をする、といったことだ。反省の程度は客観的な数字で表せるものではなく、かといって、被害者が許したかどうかで判断できるものでもない。

被害者に許すことを強制する圧力を与えないためにも、基準の策定は重要だ。

158　論争的な「終戦記念日」

8.15/2021

東京五輪が終わった。世論調査を見ると、東京五輪に伴う自粛の緩みを止められず、感染拡大を招いた政府に対しては厳しく評価する一方、その開催自体は比較的支持されたようだ。

五輪は、日本の多様性をアピールする場でもあった。五輪閉会式では、日本各地の祭りと並び沖縄のエイサーが披露され、強い印象を残した。空手・形の喜友名諒選手が沖縄県民初の金メダルを獲得したニュースは、東京でも大きく報道された。

そうした華やかな報道を見ながら、東京の人は沖縄の歴史を学んだことがあるのか気になった。今日は終戦記念日であり、沖縄の歴史を振り返ってみようと思う。

まず、「終戦記念日」の設定自体が、沖縄の歴史との関係で微妙な意味を持つ。今では、8月15日を終戦記念日とすることが常識だ。しかし、佐藤卓己氏は、その著書『八月十五日の神話』の中で、終戦記念日を何月何日とするかは極めて論争的だと指摘する。確かに、

1945年8月15日、天皇がポツダム宣言受諾をラジオ放送で国民に伝えた。しかし、日本政府の宣言受諾決定・連合国への通告は14日、連合国軍総司令部（GHQ）占領[*1]開始は9月2日だ。また、サンフランシスコ講和条約発効は52年4月28日だが、この日を終戦とすると、ロシア（旧ソ連）との終戦が宙に浮く。

このように、本土にとっても終戦記念日は論争的だが、これらの日付は沖縄にとっての終戦記念日ではない。沖縄では、沖縄戦終結の日を「慰霊の日」としている。アメリカ占領下の61年、琉球政府立法院[*2]は、第32軍司令官・牛島満中将自決の日である6月22日を慰霊の日としたが、その後、自決決行を翌日とする史料を根拠に6月23日に変更され、日本復帰後の74年の沖縄県条例でもそれが踏襲された。あるいは、沖縄にとっての本当の終戦は、米国占領から解放された72年5月15日かもしれない。

「終戦」のずれは、沖縄が引き受けてきた負担を思い起こさせる。米軍は、沖縄戦の進行中から沖縄各地に基地を設置したが、GHQ占領期には、日本各地に米軍基地ができた。占領期の米軍基地の面積比は、本土9割・沖縄1割程度だったという。しかし、1950年代に入ると、主権を回復した本土では、外国軍隊駐留への反発から各地で反基地運動が強まり、本土からは米軍の撤退が進む。

また、50年代には、岐阜・山梨・静岡に駐留していた第3海兵師団が沖縄に移転された。

これが今日の在沖海兵隊となる。60年代から70年代には、本土の米軍基地がさらに縮小され、今日のように「国土面積0・6％を占めるに過ぎない沖縄県に、米軍基地の70％が集中する」状況が出来上がった。沖縄への基地集中が進んだのは、本土に比べ、米国占領下の沖縄の方が反対運動を抑圧しやすかった、との事情が大きい。

このように沖縄は、理不尽に負担を押し付けられてきた。多様性を尊重するとは、良いところをたたえるだけではないはずだ。**東京の人々がその歴史を学び、痛みを知り、沖縄の過度な負担をなくす手段を考える必要があるように思う。**

＊1　**連合国軍総司令部（GHQ）占領**　太平洋戦争後の1945年9月2日から1952年4月28日までの7年間、日本が連合国軍最高司令官総司令部に占領されていた時期。

＊2　**琉球政府立法院**　米国施政権下の沖縄（琉球）の立法機関として1952年4月1日、琉球政府、裁判所とともに設立された。議員は住民の直接選挙で選ばれた。最高権限を持つ米国の高等弁務官が発した布告、布令に触れるような法律を作ることは許されず、高等弁務官は拒否権を持っていた。

159

教育を受ける権利

9.05/2021

親の頑張りや、日常の振る舞いが、子どもの人生を決める、というメッセージが増えているように感じる。ネット記事では、名門大学合格には、家族で朝食を取ったり、夫婦仲良くしたりすることが必須であるかのような言説があふれている。本屋の子育てコーナーでも、「親がこうしないと子が駄目になる」、「子どもの成功は親の努力次第」といった本が並んでいる。

「子どものためにできるだけのことをしてあげたい」というのは親心だろう。しかし、こうしたメッセージは、子どもを「独立した人格」として扱う感覚が希薄ではないか。

子どもが勉強やスポーツで良い成果を上げた場合、たたえるべきは当人の努力と才能だ。子どもは個人として尊重されるのであって、親の道具や所有物ではない。大人に対して発するべきは、それぞれの子どもの意思や個性と真摯《しんし》に向き合い、その子らしい生き方を徹底的に支援しなければならない、というメッセージだろう。

こうした主張には、「そんなことに目くじら立てなくても」と思う人もいるかもしれない。しかし、子どもの成功は親次第というメッセージは、成功者に対し「親に恵まれただけのズル」との差別感情を醸成する一方で、「親に恵まれないと成功できない」と、頑張る子どもの動機をくじく原因ともなる。

また、こうしたメッセージは、子どもの教育に関する国や自治体の責任を曖昧にする面もある。**憲法26条[*1]は、子どもの「教育を受ける権利」を保障する。これを憲法で保障したのは、親に全てを委ねたのでは実現できない教育があるから、逆に言えば、公権力が子どもに対して負うべき責任があるからだ。**

教育を受ける権利を実現するために、中心的な役割を果たす公的制度は、公立学校だ。ただ、その設置だけではあまりにも不十分だ。

まず深刻なのは、親の経済格差だ。国家には、それを是正する責任があり、授業料や教科書代の公費負担、奨学金などの制度がある。ただ、奨学金は受けられる人の範囲が狭く、給付額も低すぎる。また、塾・習い事の格差を埋めるバウチャー（用途指定金券）などの整備も必要だろう。

また、地域格差も深刻だ。高等教育軽視・女性蔑視の傾向が強い地域では、子どもの選択肢が狭まってしまう。その解消には、学校教育の中で、高等教育の意義や価値を積極的に伝えるとともに、高等教育を受けて自分らしく生きるロールモデルを示すことが必要となろう。

また、十分な経済力があるにもかかわらず、親が「家業を継がせたいから大学にはやらない」などの価値観を持つ場合もある。それが、その子にとって最善で、本人もそう希望しているなら問題はない。しかし、そうでないなら、虐待の一種として、親から離れる選択肢が必要だ。

具体的には、親の経済力を要件としない奨学金、未成年者の大学入学手続きのための一時的親権制限、サテライト入試助成など、国が行うべき施策はまだまだある。高校段階から支援が必要なら、高校の国内留学・通塾のための寮や奨学金も考えられる。

親任せの教育を見直し、「子どもを個人として尊重する社会」の実現が必要だ。

＊1　**憲法26条**　すべて国民は、法律の定めるところにより、その能力に応じて、ひとしく教育を受ける権利を有する。

160 教科書検定（上）

9.19/2021

■「従軍慰安婦」訂正申請 文科省が承認

文部科学省は8日、慰安婦問題や第2次大戦中の朝鮮半島からの徴用を巡る教科書の記述について、教科書会社5社から「従軍慰安婦」「強制連行」との記述の削除や変更の訂正申請があり、同日付で承認したと明らかにした。政府は4月、「従軍慰安婦」という表現は誤解を招く恐れがあるとして、単に「慰安婦」とするのが適切とする答弁書を閣議決定。朝鮮半島から日本本土への労働者の動員を「強制連行」とひとくくりにする表現も適切でないとした。
（2021年9月9日付「沖縄タイムス」）

教科書検定を巡り、不穏な事態が起きている。教科書会社5社が「従軍慰安婦」・「強制連行」との記述について削除・変更する訂正申請をし、9月8日、文部科学省がこれを承認した。4月の政府答弁で、それらの表現が不適切とされたことが影響を与えたと言われている。

これのどこが問題かを論ずる前に、今回は、教科書検定の仕組みそれ自体を、憲法の観点から考えてみよう。

学校教育法は、初等・中等教育の課程では、文部科学省の検定を経た教科書を使わねばならないとする（学校教育法34、49、62条）。これに応じてなされるのが教科書検定だ。この制度をめぐっては、これまでにもさまざまな問題が起きてきた。

有名なところを振り返ると、1960～80年代には、家永教科書訴訟で、日本史教科書に関する検定の適否が問われた。近年でも、沖縄戦における日本軍と住民の関係に関する記述を巡って、注目が集まり続けている。教科化された道徳の教科書では、登場する店舗をパン屋から和菓子屋に変えたら合格した、といった悪い冗談のような事例もあった。

教科書検定については、憲法の禁ずる「検閲」[*1]にあたるとか、表現の自由の侵害で憲法21条違反だとする批判もなくはない。

確かに、検定は、公権力（文部科学省）が表現内容に基づき、教科書にふさわしいか否かを選定する制度だ。しかし、これを廃止しても、地方の教育委員会や現場の教員といった、別の公権力の担い手が教科書を選定することは避けられない。公権力による選定そのものを論難するのは、筋が悪いだろう。また、教科書検定に不合格でも、教科書として利用できなくなるに過ぎないから、これを表現の自由の侵害と捉えるのは困難だ。

では、憲法違反ではないにしても、政策的に教科書検定自体を止めるべきだとの主張についてはどうか。

先に指摘した通り、検定を止めると、教育委員会や各教員が、一般書籍の中から、それぞれに教科書を指定することになる。しかし、複数の教科書について、記述を隅から隅まで検証し、比較検討する負担は大きい。また、教科書には、最新の学問的知見が反映されるが、その妥当性の評価は、最先端の学問をフォローできる専門家でないと難しい。教育長や個々の教員にそれを求めるのは酷だ。

さらに、初等・中等教育の課程では、児童・生徒の個性や進路希望にかかわらず、最低限身に付けるべき基礎的な教育が行われる。高等教育と異なり、全国一律の教育水準を確保すべき必要性も高い。

そうすると、文部科学省が、各学問分野の専門家の協力を得て、一定水準を備えた教科用図書のリストを作り、その中から現場で選択してもらう仕組みに合理性はある。こうしてみると、**現在の「教科書検定＋検定合格図書の中からの現場での選択」という制度その**

ものは支持できる。

しかし、現在の教科書検定制度に全く問題がないわけではない。また、今回の訂正に至る経緯は、検定基準の解釈という点で注意すべき点がある。次回は、その点を掘り下げていこう。

＊1　**憲法の禁ずる「検閲」**　憲法21条2項　検閲は、これをしてはならない。通信の秘密は、これを侵してはならない。

161　教科書検定（下）

10.03/2021

前回に引き続き、教科書会社5社が「従軍慰安婦」等の記述を削除・変更した件について検討したい。この削除・変更には、4月の政府答弁が影響を与えたと言われる。

初等・中等教育の教科書は、検定に合格した書籍の中から選ばれる。現在の社会科の検定基準は、「閣議決定その他の方法により示された政府の統一的な見解または最高裁判所の判例が存在する場合には、それらに基づいた記述がされていること」を要求する。そうだとすれば、政府が不適切とした用語を使うと、全て不合格となるようにも思える。

しかし、例えば、政府が「徳川家康は実在の人物ではない」と閣議決定した場合に、政府の見解通りに教科書を書かなければ不合格、となるだろうか。検定基準がそれを求めているとしたら、学問に基づく適切な教育を受ける権利を国民から奪うものとして、憲法違反となろう。

とすれば、政府見解に関する検定基準は、「政府見解や最高裁判例の内容を正確に記述すべき場面では、それらに基づいた記述をしなければならない」ということを示したものと理解すべきだろう。

例えば、集団的自衛権の行使容認を違憲と考える憲法学者でも、公民の教科書で「現在の政府見解」を説明する箇所では、「政府は合憲としている」と記述する。他方で、検定基準が、多様な見解がある点について多角的な考えを促す記述を求めていることからすれば、判例や政府見解を批判する立場を紹介すべきことになる。

歴史的事実に関して言えば、政府はその専門家ではない以上、その記述について政府見解を特別視する理由はない。政府見解がどうあれ、歴史の教科書は、歴史学の基準や手続きに照らし、誤りでないと判断された内容を書くべきだ。今回問題となったのは、まさに歴史の記述であり、教科書出版社の反応は過剰に思われる。なぜ、そうなってしまったのか。

検定基準が適切に運用されるには、学術の専門家が、大臣やその指揮監督下にある官僚から独立して検定を行う必要がある。このため、文部科学省は、文科大臣が検定を行うにあたり、学術専門家の委員から成る教科用図書検定調査審議会を設置し、その答申に基づき検定を行うこととしている。審議会の独立性が保障され、大臣がそれを尊重するなら筋は通る。

しかし、実際には、大臣の指揮監督下におかれた教科書調査官が、審議会に判定案や調査意見書を提出する。この調査書は、審議会に強い影響を与えると言われている。過去には、この調査書が沖縄戦に関する記述に影響した可能性が高い（蟻川恒正「政府の言論の法理」『表現の自由1』所収）。今回、教科書会社が、検定の政治的独立性を信頼しきれなかったとしても、やむを得ない面がある。

今後は、**調査官の専門性と独立性を高めるとともに、審議会の独立が害された場合の是正手続きを整備するなどの対策が必要だろう。**

今回の事態は、政府による学問の自律の侵害になる可能性がある。学術会議の任命拒否問題が発生してから1年。政府による学問への介入について、より一層、警戒を強めなくてはならない。

162 選択的夫婦別姓

10/17/2021

衆院選に向け、選択的夫婦別姓制が注目を集めている。議論の前提を整理したい。

旧民法は、家制度を採用していた。元来、妻はよそ者扱いで、家の氏を称することは許されていなかった。1898年の改正で、妻は夫と同様の氏を名乗ることができるようになった。これは、女性差別解消という意味を持っていた。この制度の下では、妻は「夫の氏」というより、「戸主あるいは家の氏」を名乗ると理解するのが妥当だ。

これに対し新憲法は、「個人の尊厳」と「両性の本質的平等」を家族法に求めた（憲法24条[*1]）。家制度は解体され、家族は「無限に伸びていく親子」ではなく、個人同士の結びつきとされた（我妻栄『民法研究8』399ページ参照）。この結びつきには独り立ちしていない子が含まれる。いわゆる核家族モデルだ。

新憲法下では、夫婦の氏は旧来の「家の氏」ではあり得ない。夫婦どちらかの氏と同じとはいえ、婚姻時に作られた全く新しい氏となる。戸籍も新しく編纂《へんさん》される。現在の婚姻に「入籍《にゅうせき》」という言葉を使うのは誤りで、「新戸籍編纂」や「創籍」が正しい。

こうしてみると、「選択的夫婦別姓で明治以来の伝統が破壊される」との主張は、完全に誤りだとわかるだろう。明治に創設された「氏の伝統」なるものは、新憲法施行により終了している。

他方、夫婦別姓論者の中には、「自分の家の氏を引き継ぎたい」という者もいる。しかし、仮に夫婦別姓が導入され、婚姻前と同じ氏を選択したとしても、現憲法下では、婚姻時に新戸籍となり新しい氏を使う点に違いはない。

「親や先祖から受け継いだ氏」なる観念を前提にした議論は、夫婦別姓への賛否を問わず誤解といえよう。

では、選択的夫婦別姓は、どのような論理に基づき導入されるべきか。それは、多様な個性への合理的配慮だ。

例えば、障がいのために自筆署名ができない人は、自分だけでは婚姻届を作成できない。それを放置すれば、悪質な障がい者差別となろう。そこで合理的配慮として、婚姻実務では、障がいゆえの代筆が認められている。

それと同様に、通称使用が認められない外国での仕事が多いとか、研究者としての業績検索が困難になってしまうなど、別氏の選択肢がないと困る人がいる。別氏希望者への合理的配慮が必要だ。

別姓婚法制化にかかるコストは決して大きくないにもかかわらず、それを無視するのは、別氏希望者への差別とみられても仕方がない。実際、夫婦別姓反対論者の中には、「別姓希望者は子どもの不利益を顧みず、親として不適格だ。婚姻する資格はない」などと、尊厳を否定する言動をする者がいる。

新憲法下の夫婦同氏制は差別心から始まった制度ではないが、差別的言動が横行する中でそれを維持すれば、差別立法と評価される可能性もあろう。

選択的夫婦別姓を導入すれば、これまで事実婚を選ばざるを得なかった別姓希望者に、婚姻による保護を与えられる。また、我慢して同氏にしてきた夫婦も別姓を選べるようになる。他方で、同氏希望者に影響はない。

早急に、多様性に配慮した家族法を実現すべきだ。

＊1 **憲法24条** 婚姻は、両性の合意のみに基いて成立し、夫婦が同等の権利を有することを基本として、相互の協力により、維持されなければならない。

163 アルコール問題対策

11.07/2021

10月31日の衆議院議員総選挙で、与党は絶対安定多数を超える議席を獲得し、岸田政権は信任を得たといえる。もっとも、接戦の選挙区も多く、来年の参院選に向けて、政党間の激しい競争が続くだろう。競争により政策を切磋琢磨《せっさたくま》するのは大変望ましいことだが、各党の対立を超えて、協力すべき課題も多くある。その一つが、アルコール問題対策だ。

２０１０年、ＷＨＯがアルコール消費量の提言政策を呼び掛けた。これに応じて、日本でもアルコール問題対策の強化が進められた。アルコール関連の学会や自助組織などの市民団体はネットワークをつくり、国会でも中谷元衆議院議員を会長とする超党派の議連が作られた。２０１３年末には、アルコール健康障害対策基本法が衆参両院全党一致・全会一致で可決・成立し、翌年から施行された。

基本法は、政府に対し「アルコール健康障害対策推進基本計画」の策定と、その5年ごとの見直しを義務付ける。第1期の計画は２０１６年に作られ、今年、２０２１年は第２

期の計画が立てられている。今期の計画では、アルコール依存症などに対する「知識の普及」と「家族」を「より円滑に適切な支援に結び付くように」することを重点課題としている。

「依存症なんて、誰でも知っている」と思う人もいるかもしれない。しかし、最新の調査によれば、国内には約60万人の依存症者、1千万人近い危険な多量飲酒者がいるのに、医療にかかっているのはわずか4万人程度だという。

依存症は、ただの「酒好き」に見えるかもしれない。しかし、依存症の場合、自らの意思では断酒できず、精神的・身体的にアルコールに依存する状態にある。これはれっきとした心身の病だ。残念ながら、日本社会は飲酒や酩酊《めいてい》に寛容すぎるところがあり、社会の間で「病院に行かなければいけない病だ」という認識が弱い。

厄介なことに、依存症は「否認の病」と言われ、当人は「自分は病気ではない」「危険な量は飲んでいない」「いつでも止められる」などとうそぶくことがよくある。だからこそ、本人が病を自覚できるようにし、家族や周囲の人が専門の医療につなげるきっかけをつくることが重要課題となる。

さて、基本法は都道府県にも基本計画の策定を求めており、沖縄県も2018年に計画を策定した。

沖縄県は飲酒者の割合が男女ともに全国平均に比して高く、1回の酒量も多い。県内の配偶者暴力（ＤＶ）による検挙数の６割近くに飲酒が関係している。飲酒と密接な関係があるとされる児童虐待も増加傾向にある。

そこで、県の基本計画でも依存症に関する正しい知識の普及に取り組むとしている。特に、飲酒をしていれば誰でも依存症になり得ること、また適切な治療によって十分回復できることを普及啓発すべきだとしている。

国会にもできることはまだまだあるはずだ。**衆議院議員の方々も、全党一致・全会一致で基本法を成立させたことを思い出し、アルコール問題対策のために力を合わせてほしい。**

164 校則問題の論点

11/21/2021

近年、注目を集める校則問題の論点を整理したい。

まず、不合理性を指摘していけば、校則問題は自然と改善するとの見解もある。しかし、それは楽観的すぎる。

ルールは、意味がなければないほど、それを守った人の間に結束が生まれる。例えば、交通ルールは安全を守るために必要なので、これを順守しても特段の結束は生まれない。これに対し、「全員で同じ髪形をする」との団体ルールは、団体への帰属意識以外に順守動機がない。だからこそ、順守者間の強烈な連帯感、違反者への強い反感を生む。校則については、「意味がないからこそ、順守による連帯感を高めたい」と考える学校関係者がいることを前提に、解決策を検討すべきだ。

次に重要なのが、校則に関する二つのスタンスの違いだ。第一は、学校内では、児童・生徒は学校の包括的な生活指導権限に服すべきで、自由が認められるのは、学校側が恩恵として認めた場合に限られるというもの。第二は、学校内でも、児童・生徒にはさまざまな自由が保障されるのが原則で、学校側が児童・生徒に介入するには、合理的な根拠が必要だというもの。

第一のスタンスによるなら、それが学校側の要求だというだけで、圧迫・強制を正当化する。このスタンスに基づいて校則の「見直し」をすると、仮に、何らかの譲歩を勝ち得ても、それは学校が与える「恩恵」と位置付けられるだけで、むしろ学校側の強権の再確認になってしまう。

校則見直しの成功例として、「タイツの色はベージュのみ」とされていたのを、生徒主体の話し合いを通じて、黒も認められるようにしたケースが紹介されているのを聞いたことがある。しかし、学校は治外法権ではない。そんなルールを設定し、守らせようとしていたこと自体が異常ではないか。

「個人の尊重」という憲法原則[*1]からすれば、校則問題は、「第二のスタンスが正しい」という認識を学校側、児童・生徒側で共有することから始めなくてはならない。「個人の領域」における児童・生徒の自由は、校長判断や他の児童・生徒の多数決で制限してよいものではない。

しばしば学校現場では、「〇〇の髪形を許すと非行が増える」といった言説が見られる。

しかし、その根拠となる統計があるようには見えない。非行防止策なら、髪形の強制以外に、いくらでも方法はあるだろう。自由を制限するには、公共的理由と科学的根拠が必要だ。

また、児童・生徒による多数決を過信するのも危険だ。例えば、白い下着の指定などは、校長判断だろうと、生徒の多数決であろうと、セクハラであることに変わりはない。多数決は、選んでも良い複数の選択肢があるときの決断方法であって、選んではならない選択肢の正当化手段ではない。多数決を理由に不合理な校則を強行するのは誤っている。

「個人の尊重」を実践しようとするなら、校則は、「授業中に私用でスマホを使わない」とか「暴力禁止」といった合理的で自由を尊重したものに限定されてゆくだろう。**互いの個性を尊重しあう社会を実現したいなら、子どもが成長する場たる学校現場の改善が急務だ。**

＊1　**「個人の尊重」という憲法原則**　憲法13条　すべて国民は、個人として尊重される。生命、自由及び幸福追求に対する国民の権利については、公共の福祉に反しない限り、立法その他の国政の上で、最大の尊重を必要とする。

165 離婚と親権（上）

12.05/2021

離婚や夫婦関係の破綻について、法的観点から問題のある報道が絶えない。何に注意すべきか検討しよう。

未成年の子のいる夫婦の離婚・破綻の場合、夫婦いずれかが子を連れて家を出ることも多い。こうした事例について、（1）「連れ去り勝ちだ」、「誘拐なのに裁判所は何もしてくれない」、「日本法は親子断絶法だ」などと報じられることがある。また、これに絡めて、（2）「離婚後に単独親権とする日本法に問題がある」、「海外では離婚後も共同親権だ」などと、共同親権の導入が主張されたりする。さらに、（3）「国境を越えた連れ去りなら、ハーグ条約[*1]で親子断絶を防止されるのに、国内では連れ去りが許されるのはおかしい」などと言われる。

しかし、こうした報道には大きな問題がある。まず、（1）連れ去り勝ち論について。不当に子連れ別居がなされるケースは確かにあり、それを是正するため、監護者指定や子の引き渡し手続きがある。例えば、これまで子どもの世話をしておらず、監護能力に欠ける親や、虐待を繰り返す親が子どもを連れ去った場合、もう一方の親が監護者指定の調停・審判の手続きをとれば、裁判所はそちらを監護者として指定し、子を引き渡すように命じるだろう。

また、監護者に指定されなかった親も、面会交流の申し立てができる。虐待の危険があるなど、面会交流によって子どもの利益が害されるような事情がない限り、面会交流は継続できる。いつ・どこで・どのように面会交流するかは、子どもの利益を最優先に、個別に決められる。

こうしてみると、**「(元)妻／夫に連れ去られて子に会えない」**と報じられる事例は、**面会交流等の手続きをとっていないか、手続きをとったにもかかわらず、何らかの理由でそれが認められなかったか、である可能性が高い**（裁判所の定めた面会交流を同居親が拒否するケースも時にはあるが、それは裁判所に間接強制を求めることなどによって解消できる）。

そうした事例で、「連れ去られた側」の主張を一方的に報道するのは極めて危険だ。例えば、監護者指定審判の中で、深刻なＤＶや虐待が認定されているのに、それを無視して、「実子誘拐の被害者」などと報じれば、子連れ別居を選択せざるを得なかった親への深刻な名誉毀損《きそん》となる。また、「連れ去られた側」が、子どもの顔写真や名前、小学校での様子などを公開したがる場合もあり、それをそのまま報じれば、取り返しのつかないプライバシー侵害になることもある。

とすれば、「連れ去り」が主張された事例では、報道機関やライターは、まず、その別居親に、裁判所で監護者指定や面会交流の手続きをとったかを確認すべきだ。また、当然のことながら、裁判所の審判内容やもう一方の当事者の言い分も必ず取材しなければならない。それを怠れば、ＤＶや虐待の加害者に加担する危険があるし、日本には監護者指定審判や面会交流審判の制度などが存在しないかのような誤解を与えることになる。

次回は、実際に名誉毀損が認定された報道の一例を紹介するとともに、（２）共同親権導入論と（３）ハーグ条約類推論の問題を指摘したい。

＊1　**ハーグ条約**　国際的な子の奪取の民事上の側面に関する条約。一方の親による子の連れ去りや監護権をめぐる国際裁判管轄の問題を検討するために１９８０年にハーグ国際私法会議が採択し、１０３カ国（２０２２年現在）が締結している。

166 離婚と親権（下）

12.19/2021

家庭には大きな権力格差がある。民法学の大家・我妻栄は、1966年の論稿で、家事事件では、当事者を形式的に平等に扱うだけでは「とかく力の強い夫の勝利となり、夫婦の平等は実現されない」と指摘していた（『民法研究8』450ページ）。

離婚関連報道でも、当事者間に情報発信力の格差があることに注意が必要だ。経済力が強い側は、積極的に訴訟を提起できる。これは、離婚や面会交流等の手続きだけではなく、相手側の情報発信に対して名誉毀損《きそん》等で訴える、という形で発揮されることもある。その結果、立場の弱い側は、取材対応にも慎重になりがちだ。

東京高裁2004年11月25日判決（生活ほっとモーニング事件[*1]）は、離婚報道について「当事者の認識ないし言い分は必ずしも一致せず、ときには鋭く対立することが多」く、「双方からの取材を尽くし、できるだけ真実の把握に努めることを要する」と指摘した。一方の当事者が取材に応えられない場合には、真実か否かの判定は困難だ。裁判所による判断などが確認できない限り、報道は差し控えるべきだろう。

情報発信力や訴訟提起力の格差は、法制度に関する報道にも影響を与える。

例えば、前回見た「離婚後単独親権制度のせいで、別居親が子に会えない」という主張を検証してみよう。ここに言う「親権」とは、子どもの財産管理や進学・職業選択といった重要事項を決定する権限だ。これに対し、子どもに会えるか否かは、面会交流の問題だ。民法766条は、「子との面会及《およ》びその他の交流」について、父母の協議で定め、協議が整わなければ裁判所が定めるとしている。親権を持たない別居親も、法定の手続きを取れば通常は面会交流が命じられる。子どもに会えないことと離婚後単独親権制度は関係がない。

「親が子どもに十分に会えないなんてひどい制度だ」と法制度自体を攻撃する人の中には、監護者指定や面会交流の手続きで、子どもと会う機会を制限すべき事情を認定された人、そもそも手続きを取っていない人もいる。その主張に反論したくとも、名誉毀損訴訟を起こされる等、生活が脅かされるのを恐れて、慎重になる人も多い。結果として、報道機関が、声の大きい側に追随してしまうことがあるようだ。

また、「ハーグ条約で国境を越えた連れ去りは防止されるのに、国内で連れ去りが許されるのはおかしい」という主張も見る。しかし、ハーグ条約は、「子がそれまで生活を送っていた国の司法の場で、子の生活環境の関連情報や両親双方の主張を十分に考慮した上で、子の監護についての判断を行うのが望ましい」という考えに基づいている（外務省ホームページ解説）。

つまり、子が生活していた国の司法管轄権の尊重を目的としたもので、別居親の「連れ去られない権利」を保障したものではない。日本の司法管轄が害されない国内の事例でハーグ条約を持ち出すのはおかしい。

標準的な専門家に相談すれば、最初からそのくらいのことは分かったはずだ。幸いにして、近年、適切な報道も増えてきた。今後も、慎重な報道を期待したい。

＊1　**生活ほっとモーニング事件**　離婚をめぐるＮＨＫの放送で、夫の一方的な言い分だけが放送され名誉を傷つけられたとして、前の妻である女性が訂正放送と損害賠償を求めた事件。

167　フランスの「いじめ厳罰化」法案

1.09/2022

２０２０年度、全国の小中高等学校などでのいじめ認知件数は51万７１６３件で、前年度から15・６％減少した。

認知件数がこの10年右肩上がりだったことからすれば、減少に転じたこと自体は好ましい。ただ、減少理由は、コロナ禍で、授業や部活動など、子ども同士が接する時間が減ったためとされる。今後、いじめの減少傾向が続くかは不透明だ。また、20年度の不登校は19万６１２７人で、前年度から8・2％増加した。さらに、20年の10代の自殺は７７７人に上り、前年比で大きく増えてしまった。

こうした中、昨年12月、フランスの国民議会（下院）が、いじめ対策のための新法案（「学校でのハラスメントとの戦いのための法案」）を可決したことが話題になっている。具体的には、いじめ被害者が自殺に追い込まれた場合、加害者に最大で10年の禁錮刑を科す厳罰化が盛り込まれている点が、メディアの注目を集めた。

フランスは従来、身体的暴力を伴わないいやがらせ、いわゆる「モラルハラスメント」の防止に積極的に取り組んでおり、職場や家庭でのモラルハラスメントに刑罰を科している。今回の法案は、それを学校にも拡張する内容だ。そう聞くと、モラルハラスメント対策先進国でもそうしたのだから、日本でも、いじめ自殺の場合の厳罰化が必要だ、という印象を受ける人もいるだろう。

確かに、「いじめ」と呼ばれる事件の中には、集団で殴る（暴行・傷害罪）、学校内で屈辱的なうわさを広める（名誉毀損《きそん》罪）、あるいは倉庫等に監禁する（監禁罪）など、犯罪が含まれることがある。こうした場合には教育的対応だけでは足らず、加害者に犯罪に当たる悪質な行為だと伝える必要がある。それには、犯罪対応の専門職たる警察・司法が関与するのが適切だろう。被害者も、学校を通じてではなく、警察に直接被害を届けるべきだし、警察もちゅうちょなく対応すべきだ。

ただ、自殺と厳罰化とを結びつけることには反対だ。というのも、法文に「被害者が自殺に至ったら禁錮10年」と明記すると、「報復としての自殺」を呼び起こすリスクがあるからだ。

ハラスメント対応で最優先すべきは、被害者の救済だ。そのために、加害者に適切な処罰をしたり、反省を促したりすることは不可欠だ。しかし、被害者が苦しみの中で、自殺の可能性にまで思いを巡らせているときに、「自殺すれば、加害者をひどい目に遭わせてあげます」というメッセージを出せば、自殺への後押しをしかねない。これは、被害者の支援と相反するだろう。自殺の結果は、量刑や賠償金の算定などの段階で、被害の大きさを評価する要素の一つとして扱うことにとどめる方が適切と思われる。

報道では、いじめ厳罰化に注目が集まりがちだが、フランスの学校では、心理職や福祉職が参加して、被害者のケアや、加害者の抱える問題解決に取り組んでいる。また、フランスの法案には、医療関係者や行政官、学校関係者の専門的知見の不足を踏まえ、ガイドラインを充実させたり、トレーニングを促したりする内容が含まれている。

日本がフランスに学ぶべきは、こちらの内容だろう。

168 子供の生活状況調査

1.23/2022

近年、子どもの貧困が学習・進学に与える影響に注目が集まっている。昨年12月、内閣府は「子供の生活状況調査の分析」を発表した。これは、中学2年生の子どもと保護者を対象とした全国調査の結果で、家庭の経済状況と学習・進学の状況を知る上で貴重な調査だ。

この調査は、貧困でなければ、より高い学力を得たり、進学希望を断念したりしなくて済む子どもが多くいることを示唆する。

世帯収入を(1)中央値以上(非貧困層)(2)中央値2分の1以上・中央値未満(準貧困層)(3)中央値2分の1未満(貧困層)に分けたとき、「ふだんの勉強の仕方」について、「塾で勉強する」と答えた子どもの割合は、(1)56・4%(2)42・8%(3)28・7%。「学校の授業以外で勉強しない」と答えた子どもは、(1)2・6%(2)5・8%(3)12・3%となった。

学業成績については、「下の方」の割合が、（1）10・8％（2）20・2％（3）33・0％。授業の理解状況についても、授業が「わからないことが多い」と答えた割合は、（1）6・0％（2）8・7％（3）17・8％となった。世帯収入が下がるほど、成績も授業理解度も下がる傾向があるといえよう。

世帯収入と進路希望にも相関関係がある。進学希望が「高校まで」の子どもは、（1）7・7％（2）18・9％（3）32・7％。その理由について「家にお金がないと思うから」と答えた割合は、（1）非貧困層では1・0％にすぎないが、（2）準貧困層で6・7％（3）貧困層で15・6％。また、「早く働く必要があるから」と答えた子どもは、（1）4・0％（2）4・5％に対し、（3）14・7％となる。

経済力格差による学習機会の格差を解消するには、無料・安価な公立の学習塾を運営したり、学習塾に使えるクーポンを配布したりすることが考えられる。また、学習習慣をつけてもらうための家庭支援も重要だ。進学支援としては、高等教育の無償化、給付型奨学金の拡充も必要だ。家計を支えるために進学を断念することのないよう、家庭全体の支援も拡充せねばならない。

ただ、この調査は貧困だけが問題でないことも示唆する。貧困層でも3割近くは学習塾を利用しており、成績が真ん中より上だと回答した子どもは41・8％に上る。家計状況を大学進学断念の理由にした子どもは、貧困層でも15％前後と少数派だ。他方、世帯収入が中央値以上の非貧困層でも、成績が「下の方」の子はいるし、成績を理由に大学進学を希望しない子もいる。

これは、学習や学力が、経済的要素だけでなく、持って生まれた性格や記憶力・集中力にも大きく影響されることによると思われる。学習塾や大学を完全無償化し、学習機会の平等を実現したとしても、先天的な能力が平等になるわけではない。

「お金がないから、勉強したくてもできない」という状況をなくすための対策が急務なのは当然だ。ただ、改めて考えてみると、「学力が低いから貧困でも仕方ない」「貧困を脱するには学力をつけるしかない」と思わされる社会こそがおかしいのではないか。**学習・学力の不振が貧困に結びつかない社会をどのようにつくるのかも考える必要があろう。**

169

多言語教育（上）

2.06/2022

日本で暮らす外国人の数は年々増加している。その中には当然、子どももおり、教育を受ける権利をいかに実現するかは、喫緊の課題だ。

第一に衝撃的なのは、義務教育相当レベルで、不就学の子どもが少なくない点だ。2019年5～6月に実施された「外国人の子供の就学状況等調査結果」によれば、小・中学校の学齢期にあるにもかかわらず、就学していない可能性のある外国人の子どもが2万人近くいる。

憲法や法律に、この問題を解決する手掛かりはないか。全体像を確認しておこう。

まず、憲法は全ての「国民」に「保護する子女に普通教育を受けさせる義務」を課し、義務教育は「無償」と定める（憲法26条2項）[*1]。これを受け、学校教育法は、小学校・中学校・小中一貫校などの義務教育諸学校の設置や認可の制度を定める。さらに、同法は、保護者に対して、子どもに9年の普通教育を受けさせる義務を課し、義務違反の場合には罰則もある（学校教育法16～17条、１４４条）。

学校教育法施行令は、学年の初めに、住民基本台帳に基づき学齢簿を作り、私立学校を選択したなどの事情がない限り、学齢簿に籍のある子どもを公立の小学校・中学校等に入学させる仕組みがとられている（同施行令1条、5条、9条参照）。

ただ、一般的な解釈によれば、憲法26条の教育義務は、外国人には適用されない。このため、外国人の子どもやその保護者には憲法・学校教育法の就学義務・就学権の規定が適用されず、学齢簿も編成されない。

では、外国人の子どもの教育を受ける権利を実現する手掛かりは他にないのか。実は、国際人権規約の社会権規約13条は、無償の初等教育を受ける権利を全ての者の権利とし、しかもそれは義務的でなければならないと定める。子どもの権利条約28条も同趣旨の内容を定める。**これらは日本も批准した国際人権条約で、憲法98条2項[*2]は、その誠実な順守を求める。とすれば、外国人の子どもにも無償の義務教育を受ける権利があるはずだ。**

文部科学省は２０１９年3月、各自治体の長・教育長に、学齢簿に準ずる外国人の子どもの名簿を作成して実態の把握に努め、学校に円滑に受け入れるよう通知を出した。

第二に気になるのが、学校での言語対応だ。

18年の文部科学省が実施した「日本語指導が必要な児童生徒の受入状況等に関する調

査」によれば、18年度時点で、日本の公立学校に在籍する外国人の児童・生徒の数は約9万3千人。このうち、日本語の習得ができていないなどで、日本語指導が必要な外国籍の児童・生徒数は約4万人に上る。さらに、日本国籍を持っているが日本語指導が必要な児童・生徒数も約1万人もいる。

日本語指導が必要な児童・生徒の母語は、ポルトガル語・中国語・フィリピノ語等が多い。ポルトガル語が多いのは、日系ブラジル人関係者が相当数に上るためと考えられる。沖縄の場合には、英語を母語とする子どもの割合が高い。米軍関係者が多い影響だろう。

次回は、学術会議の報告等を紹介し、学校での多言語対応について検討したい。

＊1　**憲法26条2項**　すべて国民は、法律の定めるところにより、その保護する子女に普通教育を受けさせる義務を負う。義務教育は、これを無償とする。

＊2　**憲法98条2項**　日本国が締結した条約及び確立された国際法規は、これを誠実に遵守することを必要とする。

170 多言語教育（下）

2.20/2022

前回に引き続き、外国人の子どもの教育を受ける権利について検討したい。

2020年3月、文部科学省設置「外国人児童生徒等の教育の充実に関する有識者会議」が出した報告書は、現状の課題を（1）指導体制の確保・充実（2）日本語指導担当教師等の指導力の向上、支援環境の改善（3）就学状況の把握・就学の促進（4）中学生・高校生の進学・キャリア支援の充実（5）異文化理解、母語・母文化支援、幼児に対する支援―の5項目に整理した。

速やかに対応すべき施策として、国の補助事業のさらなる活用、教員研修のモデルプログラムの展開、先進事例の情報を収集し、各自治体に提供することを挙げる。

さらに、順次対応すべき施策として、日本語指導や多文化共生に関する専門知を持つ人材の育成と十分な人員配置が欠かせない。また、学齢簿に準じる名簿を作成し、継続的な制度として、外国籍の子どもを学校教育に取り込んでゆく必要も指摘する。

報告書は、このような施策を制度化し、それを継続するための予算の確保が必要だとも強調した。

他方、日本学術会議の地域研究委員会多文化共生分科会は20年8月、「外国人の子どもの教育を受ける権利と就学の保障」と題する提言を出した。これは公立高校を主題とするのが特徴的だ。

小中学校に相当する段階の教育は、憲法や人権条約で義務化・無償化の対象と明言され、最高度に重要なものと扱われている。また、小中学校の学齢期にある個人が経済力や生活力で未成熟なのは明らかで、社会的にも教育の重要性は認知されやすい。

他方、高校での教育は、法的には義務的とまでは扱われず、年齢からして、精神的にも肉体的にもかなり成人に近づいている。このため、高校で教育を受ける権利は、義務教育と比べ、対応が後回しになりやすい。

しかし、現在の日本人の高校進学率は99%にも上り、高校は日本社会で生きていくためにほぼ必須の教育だ。また、古文や日本史の授業を想起すれば分かるように、高校教育は、母語・母文化を身に付ける場としても重要な役割を果たしている。

これを踏まえ、学術会議分科会は、次のような提言をしている。

まずは、高校学齢期の外国人の実態の調査・把握から始めねばならない。その上で、高校の「中身」として、地域の実情に応じた多文化共生のためのコーディネーター、高校での担当教員の創設、教員免許取得のための多文化共生科目の追加、管理職に対する多文化共生研修の義務化などが必要だ。

さらに、「入り口」・「出口」での配慮として、高校と大学での外国人生徒のための特別入試・特別枠の導入、学校を卒業した後のロールモデルとなる先輩外国人と触れ合う機会の提供も提言された。

文部科学省の有識者会議の報告書も、学術会議分科会の提言も、外国人住民やその子どもたちにコミュニティーの一員として参加してもらい、豊かな社会を形成してゆくべきだという方向で一致している。私たち一人一人が地域の外国人の子どもたちの状況に関心を持つことが必要だろう。

171 ウクライナ侵攻（上）

3.06/2022

ロシアのウクライナ侵攻が強く非難されている。3月2日、国連総会は、即時撤退を求める決議案を賛成141、棄権35、反対5カ国で採択した。2014年、クリミア半島分離住民投票の無効を決議したときの賛成100、棄権58、反対11カ国と比べても、圧倒的に賛成が多い。日本の国会も、3月1日に衆議院、2日に参議院でロシアへの非難決議を可決した。沖縄県議会も、2日に早期停戦を求める決議案を可決した。

これらの決議の根拠は、ロシアによる国際法・国連憲章違反だ。他の主権国家に対し、武力行使または武力による威嚇によって、国際紛争の解決を迫ったり、領土の現状変更を強要したりすることは違法だ。これは、国際社会の慣習が積み重なり形成された「確立した国際法規」（憲法98条2項参照）だとされる。また、国連憲章2条4項は、明文で、武力行使・武力による威嚇を禁じる。

他方、ロシアは、今回の侵攻を国連憲章51条の自衛権の行使だと主張するようだ。

しかし、自衛権は「武力攻撃」を受けた被害国、ないし被害国から要請を受けた国家だけが行使できる。ウクライナはロシアに武力攻撃しておらず、ロシアが被害国として自衛権を行使できるはずがない。では、被害国から要請はあったか。この点、ロシアは、ドネツク、ルガンスクの二つの「人民共和国」を防衛するためだとするが、両地域が国家なのかは疑わしい。また、一万歩譲って国家だとし、さらに一億歩譲ってウクライナが両国に武力攻撃をしていたとしても、自衛権の行使が許されるのは、必要最小限度の範囲、つまり、「人民共和国」の守備だけだ。

ロシアは他に、ロシア系住民保護や、ウクライナ政府と極右排外主義勢力との結びつきなども主張するが、武力攻撃は正当化しようがない。ロシアの言い分を全てのんだとしても、キーウ攻撃の合法性は説明不可能だ。ロシアのウクライナ侵攻は、明白な国際法違反だ。

一連の事態につき、ロシアを脅かしたとして北大西洋条約機構（ＮＡＴＯ）を非難する声もなくはない。しかし、今問題とされているのは、武力行使という手段の是非だ。ＮＡＴＯはロシアに武力行使などしていない。ＮＡＴＯがロシアの安全を脅かしているというなら、安保理なり国連総会なりで問題提起し、平和的に解決すべきだ。

今回の事態を受けて、ロシアにも憲法９条があればという声も聞こえる。しかし、ロシア憲法は、日本と同様に、国際法順守を宣言し、侵略戦争を否定する。ロシアの国内体制に決定的に足りないのは、（1）権力者が国際法・憲法を無視して軍事活動を始めた場合に、それを止めるための民主的な議会、（2）軍事活動の適切な情報公開、（3）市民が声を上げるデモをはじめとした表現の自由、（3）定期で行われる政権選択のための選挙、（4）これらの制度を守る裁判所の独立などだろう。平和を守るために用意された憲法条項は、9条だけではない。

ロシアが最も恐れたのは、ウクライナで市民の自由と民主主義が発展し、それがロシアに波及することではないか、と指摘する識者もいる。ロシアはそれを恐れ、排除するのではなく、自国でもそれを受け入れるべきだろう。

172 ウクライナ侵攻（下）

3.20/2022

ロシアがウクライナに軍事侵攻した。ロシア軍は、原子力発電所や病院まで攻撃しているという。多くの人が安全を求めて、難民となっている。日本政府や国民には、難民支援のためにできることがたくさんある。状況を整理しておこう。

フィリッポ・グランディ国連難民高等弁務官は3月16日（日本時間）、ツイッターでウクライナ国外に逃れた難民が３００万人に達したと報告した。その数は今も増え続け、最終的に４００万人以上に到達すると国連は推計している。また、国連人口基金は3月10日、ウクライナ国内で約７００万～１千万人が自宅からの避難を余儀なくされているとの推計を発表した。ウクライナの人口は約４４００万人だから、国民の４人に１人以上が自宅を追われているということだ。

国際政治学者の遠藤乾教授は11日、ＮＨＫのインタビューで、「難民の分布」への注意を促した。現在、国際社会はロシア非難とウクライナ支援で団結している。しかし、難民が「ある国だけに集中すると負担感に不公平感が出て」、団結にほころびが生じる懸念がある。

現状、ウクライナ国外に逃れた難民の半数以上が、隣国ポーランドに滞在している。ルーマニア、モルドバ、ハンガリー、スロバキアといった他の東欧諸国にも、多くの難民が滞在している。日本は、東欧諸国や国連の難民支援部門を強く支援すべきだ。

同時に、日本国内での難民受け入れも積極的に進めるべきだろう。15日、政府は、日本に滞在するウクライナ人について、90日の「短期滞在」から、1年期限の就労可能な「特定活動」への変更を認める方針を示した。さらに、避難民を受け入れる方針も進め、身元保証人を必要とする避難民ビザの発行要件を緩和することも検討しているという。ただ、日本に逃れてきた難民は、13日段階で47人にとどまる。地理的条件などから、日本への避難を望む人は多くはないかもしれない。それでも、少しでも東欧諸国の負担を軽減するため、国際社会と連携を取る必要がある。

また、難民問題に取り組んできた人は、ウクライナ難民への支援は当然のこととしつつ、アフリカや中東の難民との間に差別があってはならないと指摘している。現在の国際状況では、常に、どこかの地域で難民にならざるを得ない人が生じている。今回の事態が、難民の格差を生みながらではなく、全ての難民の支援につながる形で解決されるよう努力すべきだ。

さらに、今回の事態は、世界中で食糧難民を生み出すことも懸念される。ロシアもウクライナも巨大な穀倉地帯であり、ロシアへの経済制裁とウクライナの破壊は、世界の小麦の生産・流通に甚大な被害をもたらす。既に穀物価格が高騰化し、レバノンでは小麦の備蓄が危機的状況にあるという。

憲法前文は「平和を維持し、専制と隷従、圧迫と偏狭を地上から永遠に除去しようと努めてゐる国際社会」との協調を宣言する。日本国政府は、国際社会の団結に貢献すべきだ。一般の私たちも、平和を訴えたり、募金に協力したり、たとえ小さくともできることを続ける必要がある。

173 難民認定基準

4.03/2022

ウクライナ難民に注目が集まる中、難民支援者の中には他の難民にも平等な支援の必要を訴える人がいる。

１９４８年の世界人権宣言14条[*1]に、難民が庇護《ひご》を受ける権利が書き込まれた。51年には難民条約[*2]が締結され、国連難民高等弁務官事務所（ＵＮＨＣＲ）が設立された。日本は82年に難民条約に加入したので、難民は日本でも難民申請をできる。しかし、難民認定の基準が厳しすぎるのではないかという指摘がなされてきた。

ＮＰＯ法人難民支援協会のまとめによると、２０１１～20年のシリア出身者の難民認定は、ドイツで認定率61％、決定数約44万人。フランスで認定率41％、認定数約１万人。シリアから大西洋を挟んだアメリカでも認定率84％、認定数約５千人、カナダも認定率93％、認定数約４千人となっている。これに対し日本は、難民認定率22％、難民認定数22人となっており、極端に低い。

もちろん、今比較した国々と日本とでは、シリアとの距離が違うなど、さまざまな事情はあろう。しかし、難民認定基準が厳しすぎるのではないかとの疑念は強く、複数の問題が指摘されてきた。

第一に、UNHCRは難民条約の解釈を示したり、認定基準のハンドブックを作成したりしてきた。しかし、日本の政府や裁判所は、UNHCRの解釈・基準を法規範と扱わない傾向がある。

第二に、難民の要件たる「迫害」について、日本の当局・裁判所は「生命又は身体の自由の侵害又は抑圧」と解釈し、生命・身体の侵害に限定する傾向がある。これに対し、UNHCRハンドブックでは、生命・身体に関わらなくとも、自由権や社会権など「その他の人権の重大な侵害」も含める。ハンドブックの基準が採用されない結果、日本の難民認定の要件は狭くなりすぎる。

第三に、「迫害の理由」について、日本の当局・裁判所は、迫害を受ける民族や社会的集団に含まれているだけではなく、本国政府に個別に迫害対象として把握されている必要がある、と解釈する傾向もある。これが、立証のハードルを上げてしまう。

第四に、難民は本国から緊急で来るため、自分の生活状況などについて十分な立証資料を持っていないことも多い。UNHCRは、難民であることの立証については、「疑わしきは難民の利益に」という立証基準を採用すべきだとするが、日本の裁判所は通常の民事訴訟同様の基準でよいとする傾向がある。

ざっと列挙しただけでも、難民にとってあまりに厳しい解釈・基準ではないか。**日本は難民政策を見直し、国際社会に貢献すべきだろう。**

なお、難民条約における「難民」とは、「人種、宗教、国籍、特定の社会集団の構成員、政治的意見などを理由に迫害を受けるおそれがあるという恐怖のために国籍国の外にある者」（同1条）をいう。ウクライナ難民のように、国際紛争を逃れてきた人々は、「避難民」などと呼ばれ、難民条約とは異なる枠組みで保護されることもある。日本は、ウクライナ避難民について特別の配慮をする方針を示している。他の難民も、十分な支援が必要であることに関心を向けてほしい。

＊1　**世界人権宣言14条**　1すべて人は、迫害を免れるため、他国に避難することを求め、かつ、避難する権利を有する。2この権利は、もっぱら非政治犯罪又は国際連合の目的及び原則に反する行為を原因とする訴追の場合には、援用することはできない。

＊2　**難民条約**　「難民の地位に関する条約」と「難民の地位に関する議定書」を合わせた呼称。「難民の地位に関する条約」は難民の保護を保障し、問題を解決するためには、国際的な協調と団結が大切であるという認識に基づき1951年に採択。「難民の地位に関する議定書」は条約の地理的・時間的制約を取り除き1967年に採択された。

174 首相演説やじ排除判決

4.17/2022

憲法との関係で重要な判決が出たので紹介したい。

２０１９年7月15日、安倍晋三首相（当時）が札幌駅前で参議院議員選挙のために街頭演説をした。その際に、原告らが「安倍辞めろ」、「帰れ」などと声を上げたところ、北海道警の警察官が原告らを掴み、強制的に移動させた。原告らは、警察官の実力行使は違法・違憲だとして、北海道に対し賠償を請求した。３月25日、札幌地裁は賠償を命じる判決を出した。

憲法上の自由権は、国会に対しては、自由を侵害する立法を禁じる効果を、政府に対しては、法律の根拠なく自由を制限する行政を禁ずる効果を持つ。こうした、「自由の制限を認める条件は、政府ではなく、国民の代表が決定すべきだ」との原則を、自由の制約条件に関する「法律の留保」と呼ぶ。

今回問題となったのは、警察官による実力行為に法的根拠があるかだ。警察官が国民に実力を行使する場合の条件は、警察官職務執行法（警職法）が定めている。警職法4条は、天災や交通事故、極端な雑踏から人を守るため、引き留めや避難など「危害防止のため通常必要と認められる」措置をとることができると定める。また、警職法5条は「犯罪がまさに行われようとするのを認めたとき」、「急を要する場合においては、その行為を制止することができる」とも定める。

今回の事件で、北海道は、（1）原告らが安倍氏の支持者から暴力を受ける恐れがあり、警察官の行為は危険からの避難（警職法4条）であった、また、（2）原告らが身体接触をきっかけに周囲の人に暴力を振るう可能性があり、犯罪抑止（警職法5条）であった、と主張した。

これに対し、判決は次のような判断を示した。関係者の証言などを分析した結果、警職法の要件を満たすほどの危険や可能性はなかった。したがって、警職法4条、5条の要件を満たさず、実力行使によって原告らの自由を制限したことは違法だ。

また、原告らの表現行為は、違法なヘイトスピーチや、演説の継続を困難にさせる演説妨害罪（公職選挙法225条2項）には該当しない。むしろ、権力者への批判として表現の自由（憲法21条1項）で保護される。今回の警察官の行為はそれを妨害したのだから、表現の自由の侵害だ。

今回の判決は、「警察官といえども、実力を行使して国民の自由を制限する場合には、法律の根拠が必要だ」とする重要な憲法原則を確認するものだった。また、表現の自由、特に権力者への自由な批判が民主主義社会の基盤であることを強調していた点は、印象的だ。

北海道は、4月1日、控訴を決定した。控訴審で地裁とは異なる「事実」が認定され、結論が覆る可能性はある。他方で、「法律論」について言えば、自由の制限に関するごく基本的な憲法原則を当たり前に確認したもので、控訴審でも維持されるべきだろう。

残念ながら、恐怖心をあおられると、当たり前だったはずのことがないがしろにされがちだ。裁判所が政治から独立し、当たり前の法原則を淡々と確認してくれることは、自由な社会のためにこの上なく重要だ。そのことを改めてかみ締めたい。

175　不登校と心身症

5.01/2022

新学期早々、息子はことさらにダラダラと登校準備をしながら、憂鬱《ゆううつ》そうに「学校、やだ」と言う。「何かあったのか?」、親としては緊張する瞬間だ。新学期の疲れも出やすいこの時期、日本小児心身医学会のホームページを参照しつつ、不登校と心身症の関係を考えてみたい。

まず、不登校の現状を見よう。文部科学省の統計によれば、千人当たりの不登校児童・生徒数は、2012年度の小学校で3・1人、中学校で25・6人から、20年度は、小学校10・0人、中学校40・9人と大きく増加した。新型コロナウイルス感染を懸念しての欠席が増えたからではないか、と思う人もいるかもしれないが、それは不登校とは別の長期欠席として統計が取られている。

不登校にはさまざまな原因があるが、体調不良や痛みなどがきっかけで学校を休み始める子どももいる。それが登校のストレスと関係のない疾患だった場合には、そのための治療をすればよい。

しかし、登校が関係する体調不良の場合、心身症として対応する必要がある。心身症の患者は環境に過剰適応してしまい、心理的・社会的ストレスを自覚できない場合も多い。それゆえ、登校が身体症状に影響を与えているかどうかは、本人の言葉だけでなく、全体の状況から判断しなければならない。

例えば、朝、学校に行く段になると急に体調が悪くなったり、体育のある日だけ痛みが出たりする。学校に行かなくてもよい日だと調子が良くなる。慢性的な疾患の症状が、学校の状況との関係でより悪化したりする。こうした症状がある場合には、心身症として対応すべきであり、子どもも親もその方策を知っておくことが有益だ。

この点、登校と身体症状の関係がある場合でも、原因となる学校の具体的なトラブルなどを特定し、犯人捜しをすることは、治療にはあまり役立たないという。

心身症について私が気がかりなのは、しばしば、「本人が気持ちを入れ替えれば治る」と誤解されることだ。

確かに、身体の痛みを訴えて今にも倒れそうだった子どもが、特定の授業が終わった瞬間に元気になると、親も同級生も「仮病ではないか」、「根性が足りないのではないか」などと思ってしまうこともあろう。

しかし、日本小児心身医学会の解説によれば、その発症や経過に「心理・社会的因子」が大きく影響しているものの、**心身症はあくまで「身体の病気」として対応しなければならない。専門家の診断と治療が必要な病気なのだ、根性論を振りかざしてはいけない、という理解を広げていくことが重要だ。**

もちろん、全ての不登校の原因が心身症なわけではない。ただ、「心身症が原因のこともある」ということを頭のどこかに入れておくことは大事だ。何か気になることがあれば、学校の先生に状況を確認するとともに、普段通っている小児科で相談してみるという選択肢を持っておくことは有益だろう。

なお、わが子の場合、話をよくよく聞くと、私の4月の講演会に合わせた沖縄旅行が楽し過ぎた反動だったようだ。「また行こうね」で回復し、一安心だった。

176 建議書が示す懸念

5.22/2022

5月15日は、沖縄復帰50周年に当たる。これに向けた建議書[*1]で玉城デニー知事は、近年の「核兵器の共有、敵基地攻撃能力の保有等の議論」は「沖縄戦を経験した県民の平和を希求する思いとは全く相いれるものでは」なく、「軍事力の増強による抑止力の強化がかえって地域の緊張を高め、意図しない形で発生した武力衝突等がエスカレートする」ことへの懸念を強調した。これを踏まえ、改めて憲法と防衛政策の議論を整理したい。

憲法9条は、日本への武力攻撃があり、防衛のために他の方法がない場合を除き、武力行使を認めていない、と解されてきた。これに基づいて政府が取ってきた防衛政策が「専守防衛」だ。専守防衛とは、「相手から武力攻撃を受けたとき初めて防衛力を行使し、その態様も自衛のための必要最小限にとどめ、また保持する防衛力も自衛のための必要最小限のものに限る」受動的な防衛戦略の姿勢（2015年5月19日政府答弁書）と定義される。この政策は国民に広く支持されている。今年3月下旬から4月に行われた朝日新聞の世論調査では、ウクライナ情勢を受けてなお、専守防衛を「今後も維持すべきだ」とする回答が68％に上っている。

では、専守防衛と集団的自衛権行使、敵基地攻撃・反撃能力保有とは矛盾するのか。まず、日本自身が武力攻撃を受けていない段階で、集団的自衛権に基づき武力を行使することは、専守防衛の範囲を超えるはずだ。しかし、15年の安保法制[*2]以降、政府は、専守防衛と集団的自衛権の行使容認は矛盾しないと説明してきた。これでは、「専守防衛」の境界線が極めて曖昧になってしまう。

政府与党が集団的自衛権の行使容認が必要だと考えるなら、それが従来の専守防衛政策の枠を超えるものであることを明確に説明した上で、国民に支持を求めたり、必要に応じ改憲を提案したりするのが筋だ。

武力行使の限界を曖昧なままにしておけば、国民の予期しない武力行使が政府によって強行される危険が生じる。建議書が懸念する通り、武力衝突等のエスカレートを招く可能性があるだろう。

他方、今、議論されている「敵基地攻撃・反撃能力」とは、日本への武力攻撃またはその着手があったとき、それを止めさせるために加害国の領域内の基地やミサイル発射台に対して武力行使する能力を指す。つまり、あくまで日本への武力攻撃を止めさせる自衛の措置であり、その能力を保有することが、憲法9条・専守防衛の範囲を直ちに逸脱するわけではない。

もっとも、そうした能力は、防衛だけでなく侵略にも利用可能だから、周辺国の警戒は当然だ。議論をするにしても、地域の緊張を高めないよう慎重な態度が必要だ。

沖縄県は、第2次世界大戦で悲惨な地上戦を経験した。また、今も軍事施設が集中し、戦争時に攻撃対象となる危険が大きい。その沖縄県の知事が強い警戒心を表明したという事実は、軽視してはならない。また、今年の「沖縄タイムス」のアンケートによれば、県議の半数が敵基地攻撃能力保有に反対した。復帰50周年の節目に、沖縄県の代表たちの意見に耳を傾けるべきだ。

＊1　**建議書**　沖縄が日本復帰50年となるのを前に、玉城デニー知事が日米両政府に対し、米軍普天間飛行場の速やかな運用停止や名護市辺野古の新基地建設断念、日米地位協定の改定を求めて発表した。米統治下の琉球政府が復帰前の1971年秋にまとめた「復帰措置に関する建議書」（屋良建議書）の多くが実現していない状況を踏まえ、基地問題は構造的で差別的であり、早期解決が必要と訴えた。

＊2　**15年の安保法制**　２０１５年に成立した安全保障関連法。それまでの憲法解釈を変更して集団的自衛権の行使を認め、有事の際の外国軍隊との協力を法律に盛り込んだ。

177　生活保護引き下げ訴訟

6.05/2022

■生活保護引き下げ違法　熊本地裁

生活保護費の基準額引き下げは生存権を保障した憲法に違反するとして、熊本県内に住む受給者36人が熊本、荒尾など県内４市による引き下げ処分の取り消しを求めた訴訟の判決で、熊本地裁の中辻雄一朗裁判長は25日、厚生労働相による引き下げの過程や手続きは「裁量権の逸脱または乱用で、生活保護法に違反し違法だ」として処分を取り消した。違憲かどうかの判断は示さなかった。（２０２２年５月26日付「沖縄タイムス」）

５月25日、熊本地裁が生活保護費の引き下げを違法と判断し、注目を集めている。裁判の争点は、２０１３年５月16日の生活扶助基準改定の適法性だ。

憲法25条[*1]は生存権を保障し、これを実現するために生活保護制度がある。生活保護には、医療・住宅・教育などの扶助項目がある。今回争点となった生活扶助とは、食費や光熱費など日常の生活費のための項目だ。生活扶助基準は、年齢・世帯人員・地域別に金額が定められ、経済状況等の変動を踏まえ、5年ごとに改定される。

生活扶助基準は、「水準均衡方式」で決定される。これは、生活保護を受けていない一般世帯の消費支出水準とのバランスで扶助費を決定する方式だ。13年の基準改定は、おおむね次の三つの作業を経たものだった。

第一に、生活保護を受けていない世帯の所得水準下位10％グループ（一般低所得世帯）の消費水準と、生活扶助基準を比較した。その結果、若く人員が多い世帯では、一般低所得世帯消費水準よりも生活扶助基準の方が高く、高齢夫婦・高齢単身世帯では低い傾向があった。そこで、生活扶助基準を年齢・世帯人員・地域別に増減させる調整が行われた。これを「ゆがみ調整」という。第二に、ゆがみ調整は、2分の1を乗じて行われた。減額も増額も、一律に2分の1に止められたということだ。これが2分の1処理だ。第三に、厚生労働省は、生活扶助相当品目を対象とする物価指数たる生活扶助相当ＣＰＩという統計を使って、08年を起点に、11年までに物価が4・78％下落したと認定し、基準額全体を下げた。これがデフレ調整だ。

判決は、まず、生活保護が生存権を具体化する重要な制度だと指摘した。その上で、基準額は、正確で客観的な統計や、貧困や経済の専門家の知見を踏まえた検討が必要で、その決定の適法性は「統計等の客観的数値等との合理的関連性や専門的知見との整合性の有無等」から審査されねばならないとした。そして、2分の1処理については、突然の減額への激変緩和との説明はあるものの、増額分まで2分の1とすることに理由がなく、専門家の検証もされていない、と指摘した。また、デフレ調整については、特異的に物価の上昇した08年を起点としたことや、教養娯楽用耐久財のウエートを重くした生活扶助相当CPIで計算する妥当性が専門家によって検証されていない、と指摘した。

結論として熊本地裁は、13年の基準改定の判断過程に過誤・欠落があり、2分の1処理・デフレ調整を違法とした。原告は、ゆがみ調整の違法も主張していたが、判決は、他の処理・調整の違法が明らかだから、その点を判断するまでもなく、請求は認容できるとした。

今回の判決は、生活扶助基準の決定過程における専門家の検証の必要性を指摘した点で重要だ。大臣や官僚が、係数や統計方法を恣意《しい》的に選べるならば、生活保護基準額も恣意的に決定できてしまう。**憲法の保障する生存権実現のために真摯《しんし》に検討したと認定するには、大臣や官僚からは独立した専門家の検証が不可欠だ。**

＊1　**憲法25条**　すべて国民は、健康で文化的な最低限度の生活を営む権利を有する。

178 あいちトリエンナーレ訴訟

6.19/2022

5月25日、名古屋地裁は、名古屋市に対して、「あいちトリエンナーレ」の名古屋市負担金の残額を支払うように命じた。重要な判決なので検討したい。

愛知県では3年おきに国際芸術祭が開催されている。2019年にも、「あいちトリエンナーレ2019」と題して、8月から10月まで開催された。芸術祭の企画の一つに、「表現の不自由展・その後」があった。この企画に対して脅迫や大量の電話による業務妨害などがあり、展示が一時閉鎖される事態が起きた。

地元の名古屋市は、トリエンナーレ実行委員会に対して約1億7千万円の負担金を三分割で交付する決定をし、開会までに約1億3700万円を支払った。

しかし、市は、不自由展を巡る運営を問題視し、交付金の検証委員会を設置した。検証委員会は、（1）抗議等が予測できたのに、不自由展について事前に運営会議に諮らなかったこと、（2）不自由展の一時閉鎖・再開が運営会議ではなく実行委員会会長の専決で行われたことを不当として、残額約３３８０万円を負担金から減額すべきだとする報告書を出した。これを踏まえ、市は、残額分の減額を決定した。これに対して、実行委員会は、市に交付金の支払いを求め出訴した。

判決は、（１）について、２０１５年に平穏に開催できた同種の展示会の様子などからすれば、展示を中止せざるを得ないほどの脅迫・業務妨害を事前に想定するのは無理だとした。また、（２）について、展示の一時閉鎖・再開について運営会議を開催しなかったことも、迅速性が要求される事態だったため、会長の裁量の範囲とした。

名古屋市は、運営手続きの問題に加え、（３）不自由展の作品がハラスメントで違法性があるとも主張した。

しかし、作品の芸術性評価には専門知が必要だが、市長や市役所職員はその専門家ではない。もしも内容に踏み込みたいなら、政治や行政から独立した芸術専門家の委員会を作り検証すべきだろう。しかし、市が選んだ検証委員の過半は芸術専門家ではなく、検証委員会は、作品自体の論評を避けた。裁判所も、市の作品内容への主張は妥当でないと判断した。

この問題について語られるとき、企画展の内容の是非に注目が集まることが多い。しかし、**重要なのは、トリエンナーレが脅迫等の被害者だという点だ。犯罪被害を理由に交付**

金を減額すれば、脅迫等を助長することになる。

名古屋市は、本来なら、脅迫等に対して強い非難を表明すべきだったであろう。しかし、市長は、一連の経緯の中で、犯罪の糾弾よりも、作品を非難することに注力してきた。また、市の検証委員会は、「抗議」への実行委員会の対応の不十分さを指摘する一方で、脅迫については一言触れただけだ。展示中止の要因は、社会的に許容される「抗議」ではなく、「脅迫」や「業務妨害」などの犯罪だったことを軽視するのは、犯罪被害者への二次加害ではないか。

名古屋地裁が、市の主張する減額理由を丁寧に吟味したのは、脅迫等の被害者たる実行委員会に配慮するためだろう。市は控訴したが、高裁でも、適切な判断がされることを期待したい。

179 同性婚大阪地裁判決

7.03/2022

6月20日、大阪地方裁判所は、同性間の婚姻を認めない民法・戸籍法の規定を合憲と判断した。ポイントを整理しよう。

第一に、大阪地裁判決は、同性愛者にも異性愛者と同様の婚姻を認めることは、憲法の普遍的価値である個人の尊厳や多様な人々の共生の理念に沿うとし、憲法24条1項が同性間の婚姻を禁止する趣旨であるとまで解するべきではないと強調した。「婚姻は、両性の合意のみに基づいて成立」すると定める憲法24条1項は、婚姻における男女の平等を定めたのだ。いいかげんに、同性婚否定のために憲法24条1項を持ち出すのは止めるべきだ。

第二に、判決は、婚姻の本質を「永続的な精神的および肉体的結合を目的として公的承認を得て共同生活を営むこと」としつつ、現在の民法・戸籍法は、「子を産み育てる」婚姻、つまり生殖婚のみを保護するものと解釈した。同性間には生殖関係が成立しないから、同性婚の否定には「合理性がある」という。

しかし、こうした生殖婚限定説には重大な疑問がある。まず、現在の民法・戸籍法は、生殖の意思や能力を欠いていても、異性カップルの婚姻を認める。また、婚姻に関する全ての規定は、生殖関係がなくても適用されている。

この点、判決は、生殖婚限定説の根拠として、婚姻中の女性が産んだ子どもについて、女性の配偶者との親子関係を自動的に成立させる嫡出推定規定（民法772条）を挙げる。確かにこの規定は、生殖関係を前提にしているように見える。しかし、2013年12月10日の最高裁判決は、女性の配偶者がトランス男性のケースでも、嫡出推定を適用した。これ以外の親子を規律する規定を見ても、親権や相続、出生届等、生殖関係がない嫡出子や養子に適用される。現在の民法・戸籍法が、生殖婚保護だけを目的にしていると理解するのは無理がある。

第三に、判決は「個人の尊厳に関わるような重要な利益を同性カップルは享受し得ないという問題」が存在するとしつつ、その解消は「婚姻類似」の別制度でもよいから、同性間の婚姻を認めないのは合理的だという。

しかし、同性婚を別制度にするのは、黒人と白人の学校を区別する「分離すれど平等」政策と同種の差別立法になる。あえて同性婚と異性婚を別制度にする理由は、「同性婚を異性婚と同格にしたくない」という差別意識くらいしかないだろう。当然ながら、差別意識の満足は正当な理由たり得ない。

このように判決が指摘する合憲理由に説得力はない。他方で、判決は、同性婚にも、配偶者の選択に関する個人の尊厳を保障した憲法24条2項が適用されるとした。また、別制度でも問題を解消できるとの論証は、違憲の問題があることを前提にしている。その他にも、現行法の違憲性をほのめかす言葉が多くみられる。

個人的な印象だが、この判決は、もともと違憲判決として起案された後に、部分的に書き換えられたように見える。裁判官も、直感的には違憲と感じているのではないか。最初の直感は正しかったのだから、それに従い素直に判決を書くべきだった。

180 衆参で3分の2勢力

7.17/2022

７月10日に参議院選挙が行われ、いわゆる改憲勢力が衆参両院で総議員の3分の2を占めることとなった。岸田文雄首相は翌11日の記者会見で、「できる限り早く発議に至る取り組みを進めていく」と述べた。今後、改憲論議も活発化する可能性があるので、現状を整理したい。

まず確認すべきは、「改憲」などという政治課題は存在しないという点だ。あるとすれば、「改憲しなければ実現できない具体的な課題」だ。「憲法裁判所設置勢力」や「合区解消勢力」はありえても、漠然とした「改憲勢力」なるものに実体はない。具体的な改憲案への合意がない中での「改憲勢力」では、今後の行方は不透明だ。

現在、特に注目されている改憲案は、（1）自衛隊明記と（2）緊急事態条項の二つだ。しかし、この2点については、考えれば考えるほど、実現は困難そうだ。

まず、（1）自衛隊明記は、自衛隊の任務の範囲をどう書くかが難しい。条文に「自衛隊」

と書くだけで、その任務が定まっていなければ、国民が自衛隊に何を授権したのか不明なままだ。２０１４～15年に制定された安保法制を前提にするなら、「集団的自衛権に基づく武力行使」を任務に明示する必要がある。つまり、国民投票の争点は、自衛隊明記ではなく、集団的自衛権明記の是非となる。

安保法制への激しい反対を想起すると、国民投票で否決される可能性も十分にあり、安保法制が揺らぐ。現政権としては、積極的にやりたい国民投票ではないだろう。

次に、（２）緊急事態条項について。自民党は12年の自民党草案で、内閣に一時的な独裁権を付与する案を提示した。さすがに批判が強かったようで、現在は、緊急時に法律があらかじめ定めた範囲で政令を作る旨の提案となっている。ただ、法律の範囲内の政令制定は、現行憲法でも認められている。これでは何のための案か分からない。

もう一つの緊急事態条項は、地震などの緊急事態の折、首相や国会議員の判断で国会議員の任期を延長できるとする案だ。しかし、任期延長の判断を首相や議員自身に任せるのは、いわゆる「お手盛りの危険」が高い。３年ごとに半数改選される参議院の緊急集会で対応できないとも思えない。

では、改憲しなければ実現できない具体的な課題はあるのか。議論すべきは、「いずれかの議院の総議員の四分の一以上の要求があれば、内閣は、その召集を決定しなければならない」と定める憲法53条後段の機能不全だろう。

近年、自民党政権下で、野党による国会召集要求にもかかわらず、数カ月も放置される事例が積み重なっている。自民党には、この状況を改善する責任があるはずだ。

この点、12年の自民党草案には、憲法53条に「20日以内」という期限の定めを付加する提案があった。しかし、最近の自民党選挙公約からはこの提案が消え、この問題についてはすっかり「護憲勢力」になってしまった。これは非常に残念だ。

今後、改憲論議を追う際には、「改憲しなければ実現できない具体的な課題があるか」、「その課題を解決するために、適切な提案になっているか」を見極めてほしい。

181 離婚後共同親権の導入案

8.07/2022

法制審議会（法制審）で、離婚後の親権制度について検討されている。**離婚後に共同親権にすることによるメリットとして主張されていることは、全て誤った理解に基づくものだ。**にもかかわらず、法制審は、離婚後共同親権の導入案を、現行法維持案と併記してパブリックコメントにかける予定だという。誤りに基づく主張を排斥できなかったとは、専門家の集まる審議会として情けない事態だ。

これを正すのはメディアの責任だが、虚偽の主張に誤導されたかのような報道が続く。本紙7月26日の社説もその一例だ。改善への期待を込めて、指摘しておこう。

「親権」とは、（1）子どもの居所や進学先、財産管理などの重要事項を決定する権利と、（2）子どもと同居して世話をしたり、面会交流したりする監護の権利からなる。

このうち、（2）監護については、現行法でも、父母のどちらが親権を持つかにかかわらず、父母の協議で決定し、協議が整わなければ、裁判所が子の最善の利益を基準に決定する。父母あるいは裁判所がベストと考えれば、「親権は父が持ち、子は1月ごとに父と母の家を行き来する」といった監護もできる（民法766条・771条）。逆に、仮に「共同親権」でも、父母が別居すれば、子が父母のどちらと同居すべきか指定せざるを得ない。つまり、監護に関するルールが現行法と変わるわけではない。

現在、法制審が議論する離婚後共同親権とは、（1）重要事項決定権の部分だ。これを踏まえると、「離婚後共同親権に利点がある」という主張の虚偽が分かる。

まず、本紙社説は「親権を持たない親の多くが、子どもと交流していない」として、共同親権にすれば、別居親と子の交流時間が増えるかのような指摘をしている。しかし、面会交流は（2）監護権に関する部分であり、現行法でも、別居親と子が面会交流する規定と手続きがある（民法766条・771条）。

別居親と子が会っていない場合、それは、A：父母が法的手続きをとっていない、B：法的手続きを通じて、裁判所が面会交流をさせるべきでないと判断した、C：裁判所の面会交流命令にもかかわらず、同居親または別居親が履行を拒否した、のいずれかだ。いずれも、共同親権にしたからといって、会えるようになるわけではない。

面会交流を増やしたいなら、共同親権ではなく、安全安心な面会場の確保や、面会交流の引き渡しなどを支援する機関の充実が必要だ。

次に、離婚後共同親権を導入すれば別居親と子の面会交流が増えるという主張は、既に面会交流の規定があることを隠蔽《いんぺい》している。メディアが責任ある報道をしようとするなら、そうした不誠実な主張を無批判に紹介すべきではない。

しかし、本紙社説は、現行法に面会交流の規定や手続きがあること、現行法の下で面会交流ができないのはどのような場合か、について説明していない。読者に「離婚すると子どもに会えない」との誤解を招きかねないもので、今後、気を付けてほしい。

次回は、「親の責任」・「養育費」と親権との関係を検討した上で、離婚後共同親権導入による弊害を指摘したい。

182 共同親権めぐる報道

8.21/2022

前回に続き、離婚後共同親権に関する法制審の中間試案と7月26日の本紙社説について論じたい。

離婚後共同親権は養育費の支払い状況を改善する、との「解説」を目にすることが多い。本紙社説も「親権を持たないことは養育費の支払いにも影響」との「指摘」を紹介している。

しかし、離婚で非親権者となっても法律上の親子関係は続き、直系血族には扶養義務がある（民法877条）。「養育費支払い」が「子との交流」の対価であるかのような発想は、あまりにも無責任だ。

また、共同親権は別居親との面会交流を増やし、養育費の支払いを促すと主張する人もいる。しかし、現在の民法は、面会交流の方法や頻度は、「子の利益を最も優先して」決定すると定める（民法766条・771条）。この条文を、〈子の利益を害してでも共同親権者と面会交流させる〉とでも変更すれば、面会交流の頻度は増えるかもしれない。しかし、それでは子の利益が犠牲になる。法制審もそんな提案はしていない。

養育費の支払い確保に必要なのは、養育費取決の義務化、弁護士費用の援助、国・自治体による立替払い、支払い義務者の所得や資産を裁判所が調査できる制度などだ。2020年12月24日、法務省の養育費不払い解消に向けた検討会議も、そうした取りまとめを発表している。

さらに、「海外では共同親権を認める国が多い」という言い方にも問題がある。「共同親権」と聞いて多くの人が思い浮かべるのは、子との触れ合い（話す、世話を焼く、同じ経験を共有する等）のことだろう。これは「監護」の問題だ。何度も指摘しているように、日本法では、親権をどちらが持つかにかかわらず、別居親との面会交流は父母の協議・裁判所の審判で決定する。この点では、日本でも、海外の共同親権に相当する制度は導入されている。

他方、「親権＝重要事項の決定」の共同行使を導入するなら、同居親・別居親双方のサインがそろわない限り子の重要事項を決定できないことになる。引っ越しや医療、進学で父母の意見が対立した場合に、安価・手軽・迅速に裁判所に調整を求める仕組みが必要になる。

海外では、父母の調整にあたる相談役や裁判官が日本よりもはるかに多くいたり、公費で弁護士に相談できたりする制度もある。「海外では」というなら、親権の部分だけでなく、そうした制度も比較せねばならない。

最後に、欧州議会が「子どもの連れ去り」を問題視している、という指摘も注意が必要だ。欧州議会は、裁判所のように当事者双方の話を公平に聞いて裁断する機関ではない。「連れ去られた」と主張する側の話しか聞けていない可能性もある。甚大な負担を負ってまで子連れ別居するに至った背景にどんな事情があるのか。**個別の紛争事案については、他方当事者の事情も調査した上で、丁寧に分析すべきだろう。**

離婚後共同親権をめぐる報道には、視聴者・読者をミスリードする意図があるとしか思えないもの、そうした意図をもつ者にミスリードされたりしたものが多い。まずは、正確な情報発信から始めねばならない。

183

遺族給付金訴訟

9.04/2022

8月26日、同性カップルへの公的支援を巡って、名古屋高裁で残念な判決が出た。問題となったのは、犯罪被害者を支援する遺族給付金の制度だ。犯給法[*1]は、遺族給付金の対象親族を、「犯罪被害者の配偶者（婚姻の届け出をしていないが、事実上婚姻関係と同様の事情にあった者を含む）」と定め（犯給法5条1項1号）、事実婚の相手方も給付対象としている。この訴訟では、共同生活を営む同性カップルの一方が殺害されたため、もう一方が遺族給付金の支給を求めた。

第一審の名古屋地裁判決（2020年6月4日）は、同性カップルは法律上の婚姻が認められておらず、婚姻と同様の関係があったとはいえないとして、遺族給付金対象の事実婚とは認めなかった。

そこで、原告は、犯給法における異性カップルと同性カップルの区別は、平等権（憲法14条1項[*2]）を侵害しているとして控訴した。

判決は、遺族給付金の制度を次のように説明した。

まず、犯罪被害者の遺族の経済的・精神的被害は、本来、加害者が賠償すべきものだ。しかし、実際には、加害者に十分な資力がなく、被害が放置される場合も多い。これを放置すれば「法秩序に対する国民の不信感」が生じる。遺族給付金は、被害を緩和して、そうした不信感を解消し、「国の法制度全般に対する国民の信頼を確保することを主たる目的とする」。

この説明によれば、強い経済的・精神的苦痛を被った遺族を、給付金の対象とすべきことになる。犯給法5条1項1号は、苦痛の大きさは、法律婚でも事実婚でも変わらないから、どちらの場合も遺族給付金の対象にした。

では、同性パートナーが殺害された苦痛は、異性パートナーの場合に比べ軽いのか。そんなはずはないだろう。

判決も「同居している相手方が殺害された場合の精神的苦痛について、少なくとも、同性パートナーであるか異性パートナーであるかという事柄が精神的苦痛の大小を左右する要素となるとは認められない」と言う。そうすると、区別は不合理で平等権侵害になるはずだ。

しかし、判決は突然、転調する。判決によれば、同性婚が認められていない以上、「同性パートナーについて、異性パートナーないし異性婚姻関係と同視することが要請されるとの社会的な意識が醸成されていたとは認め難い」。よって、同性パートナーが殺害された被害が救済されなくても、特に「法秩序に対する国民の不信感」は生じない。だから、区別は合理的だ。

当事者の苦痛がどうであれ、〈国民が〉同性間の共同生活を低く見ているから、〈国民の〉信頼を確保するための遺族給付金は出さなくていい、という論証だ。

これは、〈みんなが差別しているから、法制度も差別的でいい〉と言っているようなもので、差別を放置するのみならず、助長しかねない。最高裁は、判決を是正すべきだ。

また、今回の判決は、国民が同性婚を認めていないことを根拠に、法制度による差別を肯定する。そうだとすれば、国民にも差別是正に向けてできることがある。国民の代表たる国会に、同性婚のための立法を急がせるべきだ。

＊1　**犯給法**　犯罪被害者等給付金支給法。人の生命又は身体を害する犯罪で死亡した人の遺族または重障害を受けた人に対し、国が犯罪被害者等給付金を支給することについて規定する法律。

＊2　**憲法14条1項**　すべて国民は、法の下に平等であって、人種、信条、性別、社会的身分又は門地により、政治的、経済的又は社会的関係において、差別されない。

184 宗教法人への解散命令

9.18/2022

政治家と旧統一教会の関係が糾弾される中で、宗教法人の解散命令にも注目が集まっている。そこで、この制度を検討しておこう。

もしも宗教団体に法人格がなければ、お寺や教会などの宗教施設に使われる土地・建物の登記も、宗教行事に必要な契約も、代表者や関係者の個人の名義でしなければならない。これでは不便なので、宗教法人法は、宗教団体が法人格を得て、宗教法人として登記や契約をする制度を設けた。他方で、宗教法人が法人格を悪用し、「法令に違反して、著しく公共の福祉を害すると明らかに認められる行為をした」場合には（宗教法人法81条1項1号）、都道府県知事などの申し立てに基づき、裁判所が宗教法人格の剥奪を命じることができるとした。

こうした解散命令は、憲法の保障する信教の自由の侵害ではないかと思う人もいるかもしれない。しかし、解散命令があっても、宗教法人格がなくなるだけで、布教や集会などの宗教活動が禁じられるわけではない。そこで解散命令は、「信教の自由」の直接の侵害はなく、補助金の打ち切りなどと同様に、「国家が特別に与えていたものを打ち切るだけ」と扱われる。

ただ、法人格がなくなれば、宗教活動に大きな支障が生じる。憲法の信教の自由の重要性からすれば、解散命令を出すには、慎重さが求められる。では、具体的にはどのような場合に解散命令が出されるのか。解散命令には、二つの重要な先例がある。

一つ目は、１９９５年に毒ガスを用いた大規模テロを実行したオウム真理教の事例だ。１９９６年１月30日の最高裁第１小法廷の決定は、「大量殺人を目的として毒ガスであるサリンを大量に生成することを計画した上、多数の信者を動員し」、宗教法人の「物的施設を利用し」「資金を投入して、計画的、組織的にサリンを生成したというのであるから」「法令に違反して、著しく公共の福祉を害すると明らかに認められ」るとして、解散を命じた。

もう一つは明覚寺の事案だ。明覚寺は、水子の供養料を名目に、悩みを持つ人から多額の金銭をだまし取る詐欺を繰り返していた。２００２年１月24日の和歌山地裁決定は、問題の詐欺が「宗教法人の代表役員等が法人の名の下において取得・集積した財産およびこれを基礎に築いた人的・物的組織等を利用してした行為」であり「僧侶等による個人的犯罪ということは到底できず、宗教法人」「が主体となって行った」と認定し、解散を命じた。

最高裁も、この判断を支持している。

過去の事例を見ると、解散命令の判断では（1）明らかな犯罪が行われているか（2）その犯罪が法人の施設を使うなど、宗教法人としての組織的行為で、法人格が悪用されたといえるか―がポイントになる。旧統一教会について、（1）と（2）をどこまで立証できるか、当局も検討中だろう。

また、仮に解散命令が出たとしても、その効果は法人格剥奪にとどまる。正体を隠した布教や高額献金などの被害者を出さないためには、そうした活動に刑事罰を設けたり、生活レベルに合わせて献金額の上限を設けたりといった、さまざまな対策の検討が必要だろう。

185

米最高裁の中絶禁止合憲

10.02/2022

■米最高裁　中絶権利認めず

米連邦最高裁は24日、人工妊娠中絶を憲法上の権利と認めた約半世紀前の判決を覆す判断を示した。「中絶の権利は憲法に明記されていない」とし、是非を各州議会に委ねる考えを表明した。（2022年6月26日付「沖縄タイムス」）

6月24日、アメリカ連邦最高裁は、ドッブズ対ジャクソン女性健康機構判決にて、妊娠中絶の権利に関する方針を大きく転換した。

アメリカでは、妊娠中絶のルールをどのように定めるかは、各州の法律に委ねられている。ただ、中絶を制限しすぎれば、女性の健康や人生に重大な影響を与える。そこで、女性の権利を訴える訴訟がいくつも起こされた。

１９７３年、連邦最高裁はロー対ウェイド判決で、母体保護を理由とする妊娠中絶以外を禁じたテキサス州法を次の理由で違憲とした。

連邦憲法の保障する権利にはランクがあり、「基本的権利」と認定された権利の制限には、厳しい違憲審査基準が適用される。女性の妊娠中絶への権利は基本的権利であり、厳格審査の対象となる。問題のテキサス州法は、厳格審査をパスできず違憲だ。

この判決の結果、各州が中絶を規制するには相当な理由が必要になった。これに保守派は強く反発し、この判決を覆すため、判事を交代させようとする動きも活発になる。２０１６年の大統領選で、トランプ氏は保守派判事の指名を公約し、当選後に3人の最高裁判事の指名に成功した。この結果、最高裁判事9名中6名が保守派となり、バランスが大きく傾いた。そんな中、ドッブズ判決は、保守派判事6名の賛成でロー判決を覆し、妊娠15週以降の中絶を原則として禁止するミシシッピ州法を合憲とした。

まず、ドッブズ判決は、ロー判決が女性の妊娠中絶への権利を基本的権利としたことを誤りと断じ、妊娠中絶の規制は、正しい目的があれば足り、その目的達成のために必要かどうかの判断は、州政府に委ねるべきだ、と緩やかな違憲審査基準を採用した。

そして「まだ生まれていない命を守る」目的は正当で、「妊娠15週以降に行われる中絶は野蛮で、母体に危険で、医療者の名誉を傷つける」との立法者の判断は是認できるとした。この論証は1ページにも満たない簡易さだった。

さらに判決は結びの部分で、妊娠中絶の規制は、各州の民主主義によって決められるべきで、その判断権を裁判所が奪ってきたのは誤りだったと強調している。

しかし、この判断は女性の健康と人生に与える影響を軽視しすぎている。妊娠中絶を気軽に決断する人はそうそうおらず、その背景には、相当な事情があるのが一般的だ。また、その決断に追い込まれる女性は、女性の中でもマイノリティーで、多数決の中では、その権利への配慮が十分になされないこともある。州の立法過程に任せておけば女性の健康と人生は適切に守られる、との想定は楽観的にすぎるだろう。

さて、こうした問題が日本にとって対岸の火事かといえば、そんなことはない。

日本法では、妊娠中絶に配偶者の同意が要求されている（母体保護法14条）。これの要件は、「妻に出産を強要する権利」を夫に与える一方で、妻の主体性を否定している。また、中絶は病気治療ではないため、健康保険が使えず、公的援助は乏しい。また、中絶方法も母体に負担が大きく、費用が高額な掻爬《そうは》法が用いられている点も、問題視されている。

早急な改善が求められる。

186 両論併記 悪用するヘイト

10.16/2022

最近、差別する人による「両論併記」の悪用が相次いでいるので、注意喚起したい。

差別研究の専門家、デボラ・ヘルマン教授は、「差別」を、「ある集団の尊厳を否定し、おとしめる意味を持つ行為」と定義する。ヘイトスピーチのように、言葉で直接におとしめる行為もあれば、入試で女子のみ減点するなど、おとしめの意味を含む不当な区別や不利益を与える行為もある。

本人が意識的か否かは別として、差別には、「ある集団をおとしめたい」という願望が伴う。ただ、現代では、あからさまな差別は非難されるから、「差別ではないふりをしながら、人をおとしめる方法」が考え出されることになる。

この点、ユダヤ人差別の専門家、デボラ・リップシュタット教授は、メディアの「両論併記」が差別をする人に悪用されていると指摘する。両論併記とは、意見が対立する問題について、両方の見解を同列に並べることだ。

差別する人は、二つの方法で、これを悪用する。第一に、被害者の対応に焦点をずらし、加害行為から目をそらす。

例えば、女性を差別する人は、女性差別への抗議について議論する際、「抗議する人の話し方や服装」、「より丁寧で好感を呼ぶ抗議方法の有無」を議論したがる。「抗議対象となった行為の是非」と「抗議する人の人格や手法に対する批判」が両論併記されれば、加害行為と、被害者による抗議とが、「どちらにも非がある」と、どっちもどっちに見えてくるだろう。

辺野古埋め立てへの抗議についても、「埋め立ての合理性や必要性」を論じず、「ハンストをした人の保険利用の是非」や「座り込みの時間」を好んで議論する人は少なくない。

第二に、無根拠な主張を「根拠ある一つの立場」に見せようとする。

例えば、ホロコーストは確たる歴史的事実であり、それを否認するような根拠があるはずもない。しかし、権威ある歴史学者と対等な立場で「議論」し、「両論併記」されれば、「否認論もありうる一つの立場だ」という印象を作り出すことに成功する。

この手法は、離婚後の共同親権導入を巡る論議でも見られる。日本法には、離婚した別居親が子との面会交流を求めたり、虐待のケースで親権者変更を求めたりするための法的手続きはある。しかし、「日本は離婚後単独親権なので、別居親は子と会えず、同居親による虐待が横行する」などと主張する人がいる。この「根拠なき主張」が「条文に基づく現行法の説明」と両論併記され、現行法に子どもと会う手続きがないかのような印象が作られる。

辺野古埋め立ての議論でも、「普天間基地ができた頃、周辺に住んでいる人はいなかった」という虚偽に基づき、埋め立て反対派を攻撃する人を、両論併記の一方にすれば、反対運動にいわれのない不信感を抱く人も出てくるだろう。

こうした事態の究極的責任は、論点を歪《ゆが》め、無根拠な主張をする人にある。しかし、安易に「両論併記」するメディアがその片棒を担いでいるのも事実だ。「この論点設定は被害者に焦点を当てていないか」、「それぞれの主張に客観的根拠が示されているか」を慎重に考慮した上で、紙面や番組を作る。それこそが、メディアの職責だ。

187 ＤＶ防止法の見直し検討

11.06/2022

内閣府には、女性に対する暴力に関する専門調査会が設置されている。その中の「配偶者暴力防止法見直し検討ワーキング・グループ」は、ＤＶ防止法とその関連法について検討し、10月12日、小倉将信男女共同参画担当相に報告書を提出した。気になる点を紹介しよう。

第一に、保護命令の要件について。保護命令には、（1）被害者の住居・勤務先などへの接近禁止命令と、（2）被害者と同居する住居からの退去命令がある。ＤＶ防止法10条1項は、保護命令の対象を、被害者が「生命または身体に重大な危害を受けるおそれが大きいとき」に限定する。

コロナ禍でＤＶ相談支援センターへの相談件数は増加し続けているにもかかわらず、保護命令の発令件数は減少している。他方で、２０２０年には、ストーカー規制法に基づく禁止命令件数がＤＶ防止法の保護命令件数を上回った。禁止命令には、必ずしも生命・身体に危険が及ぶ可能性を立証する必要がないため、DV被害者がこちらに頼ることもあるという。

そこで報告書は、保護命令の制度が現実の必要性に十分応えられていない可能性を指摘し、「著しく粗野または乱暴な言動」などの精神的暴力の被害者も保護命令の対象にすべきだと提案した。

DV相談の過半数は精神的暴力だといわれている。精神的暴力は、身体的暴力より被害の程度が低いとは言えず、時には、一生、その後遺症に悩まされることすらある。むしろ、身体的暴力は、精神を支配する手段の一つであって、精神的暴力こそがDVの本質だとさえいえるだろう。精神的暴力に対する保護命令・退去命令が出せなければ、被害者を救済することなどできない。

第二に、被害者と同居する子どもについて。被害者に子どもがいる場合には、同居する子どもへの接近禁止命令も出せる（DV防止法10条3項）。ただ、加害者が、子どもに電話や電子メールで連絡をとることを禁止する制度はない。加害者がそうした手段で子どもを誘い出せば、接近禁止命令が骨抜きになってしまう。そこで、報告書は、子どもへの電話・電子メール等の禁止命令の制度も提言した。

この報告が同居する子どもとの関係に踏み込んだ点は素晴らしい。他方で、親権との関係があまり検討されていない点は気がかりだ。

民法には、「父母の一方が親権を行うことができないときは、他の一方が行う」（818条3項但書）という抽象的規定があるのみで、DV避難中の親権行使に関する具体的規定はない。**保護命令などで単独で子を監護する被害者が、単独で親権を行使できる旨の明文の規定を設けておくべきではないか。**

また、DVを原因に離婚した後に、別居親との面会交流などにおいて、DVの事実をどう考慮するかも明文化されていない。夫婦関係と親子関係は別と考える人もいるようだが、親子関係が夫婦間のDVに利用されることはしばしばある。面会交流は第三者の厳重な監視を条件としたり、その条件が果たされない場合には裁判所が面会交流を強要しないなどの明文規定を設けることも考えるべきだろう。

188 離婚後共同親権 中間試案

11.20/2022

15日、法制審議会の家族法制部会で、離婚後共同親権の中間試案が取りまとめられ、パブリック・コメントに付されることになった。改めて問題を整理しよう。

現行法では、婚姻中は父母の共同親権だが、離婚後は、父母いずれかの単独親権となる（民法819条）。ただし、別居親との面会交流の頻度など離婚後の監護方法は、親権の所在とは別に、「子の利益」を基準に父母の協議または裁判所の判断で決める（民法766条・771条）。「単独親権制度のせいで、わが子に会えない」との主張も見られるが、それは誤解または虚偽だ。

今回、主に議論されているのは、医療、進学、居所等の子の重要事項を決定する狭義の親権だ。父母の積極的かつ真摯《しんし》な合意がある場合なら、重要事項の共同決定を義務付けてもよいと考える人もいるだろう。しかし、中間試案は、裁判所が共同親権を命じ得る甲案と、現行通りの乙案を示すのみで、父母の合意がある場合に限り共同親権とする案はない。

甲案を「選択的夫婦別姓と同じ選択式」と説明する人がいるが、選択的夫婦別姓は夫婦の合意で別姓を選択する制度だ。裁判所が別姓を命じるわけではない。甲案は、父母の意向に反して共同親権を強制することを認める「強制的共同親権制」だ。

では、父母の合意がない場合に共同親権を強制して、機能するのだろうか。

2022年にシングルマザーサポート団体全国協議会が実施したひとり親へのアンケートでは、同居親の42・6％が別居親と数年間連絡を取っていないと回答した。子育てに十分に協力的ないし頻繁に連絡を取り合っているのは3・5％に過ぎない。

連絡がつかない別居親が共同親権を持てば、適時にワクチン接種ができない、海外旅行の同意が得られない等の危険が生じる。離婚後の共同親権が可能な良好な関係を継続するケースは例外的だ。父母の合意もないのに裁判所が共同親権を命じるべき事案は想定できないだろう。この調査でも、同居親の大半が強制的な共同親権制度に否定的だ。

また、甲案には、DV、虐待などの加害者から逃れられなくなる危険が指摘されている。加害者は支配欲がある一方、別居親や子自身から拒絶されがちなため、親権変更や面会交流等の裁判手続きを熱心に利用する傾向がある。甲案では、親権を持たない加害者が共同親権への移行を求め、訴訟を頻発させ、被害者に強いストレスを与えることが懸念される。

さらに、強制的共同親権を導入した欧州諸国では、裁判所の見落としで加害者が共同親権を持つ事例が問題視され、イスタンブール条約の専門委員会は、フランスなどに是正を勧告していることにも、注意を払うべきだ。

他方、現行法でも、離婚後の父母が子について相談することは全く禁じられていない。先ほど見た調査でも、何らの不都合なく、現行法下で、頻繁に話し合いをする父母がいると示されている。

子のために、離婚後も父母に協力関係を築いてほしい、と願う気持ちは理解できる。しかし、「共同親権にすれば協働できる」なんてことはない。その現実を見るべきだ。

189

同性婚訴訟 東京地裁判決

12.04/2022

■同性婚認めないのは違憲状態

同性婚を認めていない民法や戸籍法の諸規定は憲法違反として同性カップルら8人が国に1人100万円の損害賠償を求めた訴訟の判決で、東京地裁は30日、同性愛者がパートナーと家族になるための法制度がない現状を「憲法違反の状態だ」と指摘した。（2022年12月1日付「沖縄タイムス」）

11月30日、東京地裁で3件目の同性婚判決が出た。

原告らは、（1）同性カップルの婚姻を保護する制度がないのは違憲であり、（2）この違憲状態は民法・戸籍法の婚姻規定に同性婚を包摂しないと解消できない、と主張した。この主張は、「婚姻」の権利を定めた憲法24条1項、不合理な区別を禁じた憲法14条1項、

「家族」の法律は個人の尊厳に立脚すべしと定めた憲法24条2項を根拠とする。

これに対し、今回の判決は、おおむね次のように判断した。

まず、同性婚を「婚姻」とする「社会における承認」がないので、憲法24条1項は同性カップルに適用されない。承認の不在は、民法・戸籍法上の性的指向による区別の合理的な理由にもなるので憲法14条1項違反もない。しかし、同性愛者の「家族」形成を認めない現行法は、個人の尊厳を害しており、憲法24条2項に違反する。

よって、(1)同性カップルの共同生活を保護する制度の不在は違憲だ。ただし、(1)の違憲状態を解消するには、現在の民法・戸籍法の婚姻に同性婚を含める以外の方法もとれる。よって、(2)の主張は認められないし、民法・戸籍法の特定の条文が違憲とも言えない。違憲なのは、特定の条文ではなく、国会が是正立法をしない状態だ。

この判決は、「合憲判決」とか「違憲状態判決」と紹介される。しかし、(1)の判断は現在の法律全体を合憲とする趣旨ではなく、判決は「違憲判決」の一種だ。違憲を認め、国会に是正の義務があると認めた点は評価できる。ただし重大な問題が二つある。

第一に「分離すれど平等」を正面から認めた点。

判決が同性カップルにも保障すべきだとした法的効果は、全て婚姻の効果だ。それを与えるために、わざわざ婚姻以外の別制度を設ける理由はあるのか。あえて理由をつければ、同性婚を二級の婚姻と位置付けるため、ということになるだろう。

それは、アメリカで、差別主義者が、学校や公共施設を白人用と黒人用の施設を分けて、「分離すれど平等」だと強弁したのと変わらない。差別感情に基づく制度だ。

しかし、判決は、堂々と同婚姻以外の別制度を設ける方法でも合憲だと断言した。判決を書いた裁判官は、違憲状態と認めたから自分は人格者だと思っているかもしれないが、その論証は露骨な差別感情の発露だ。

第二に「家族」概念の無理解。判決は、「家族」法制における個人の尊厳（憲法24条2項）を根拠に、同性カップルが法的「家族」関係を形成できないのが個人の尊厳を害していると判断した。

法的な「家族」関係は、親子関係と婚姻関係の二つから成るとされてきた。今回、判決が同性間でも形成を認めるべきだとした「家族」関係は、親子関係ではないのは明らかだから、婚姻関係ということになる。しかし同時に、判決は同性カップルがそれを形成する制度は「婚姻」でなくてもよいという。「婚姻によらない婚姻関係」とは何か。全く筋が通らない。

24条2項の「家族」概念が根拠なら、「婚姻」を保障すべきだ。判決は、複雑な概念をちりばめ理論家気取りだが、「家族」概念の基本すら理解できていない。

190 差別の構造

12.18/2022

今年も、差別が問題となる事件が多かった。改めて、差別について考えておこう。

典型的な差別は、強い力を持つ側が弱い立場の者を侮蔑し、尊厳をおとしめようとする。加害者と被害者の間には強い非対称性がある。

差別する側には余裕がある。怒りに震えたり、涙ながらに訴えたりするようなことはなく、被害者に対して嘲笑や冷やかしの態度をとれる。これに対し、差別を受ける側には余裕がない。強い言葉で被害を訴え、大声で抗議せざるを得ない立場に追い込まれる。

それを目撃した人の中には、被害者に対して、「乱暴だ」と非難したり、「もっと丁寧に話さないと伝わらないよ」と、いわゆるトーンポリシングを行ったりする。こうした「上品」で「洗練」された差別への加担を通じて、差別をする人は味方を作りやすい。

また、差別の被害を訴えること自体にも、独特の難しさがある。「被害が辛い」と訴えれば、嫌がらせがうまくいっていると思われる。他方、「私は負けない」と口にすると、大した被害はないのだと付け込まれる。いずれにしても、差別をする人は、加害をエスカレートしかねない。

さらに、差別する側は、経済力や権力者へのアクセスの点で、被害者よりも優位な地位にあるため、法制度が、差別者に利用される場合もある。例えば、ＤＶ加害者は被害者より経済力があることが多い。彼らは、離婚条件や子の親権・面会交流などの条件をめぐり、訴訟や調停を執拗《しつよう》に繰り返したり、被害者の支援者に名誉毀損《きそん》訴訟を起こしたりと、「裁判を受ける権利」をハラスメントの道具にすることがある。

それを防ぐためには、リーガルハラスメントの実態を調査し、具体的な対応策の検討が必要だ。しかし、諸政党や法制審議会は、この問題には関心を示さず、むしろ、加害者のリーガルハラスメントの道具になり得る共同親権法制の導入論議に熱心だ。

「世論」も、差別に利用される。例えば、「同性カップルの保護は、婚姻とは別制度で行うべきだと思いますか」という問いがなされることがある。この問いは、「婚姻制度において、同性婚を異性婚よりも低い価値のものとしておとしめるべきですか」という問いと同義であるにもかかわらず、あからさまな蔑視表現を伴わないため、漂白される。

別制度への賛成が多いとの結果が出れば、裁判所はそれを根拠に、「国民意識が同性婚と異性婚の平等化を否定している」と認定したりする。裁判所が正義を実現しようと考えるなら、世論調査の選択肢に差別性がないかを検討すべきなのに、なんという体たらくだろうか。

残念ながら、今年も、こうした場面が何度も繰り返された。**法制度も世論も、個人の権利を守り、主権者国民の意思を国政に反映させるための重要な要素だ。**来年は、それらが悪用されず、差別の被害者を救済するために力を発揮できる年であってほしい。

差別の問題は、現在、深刻な課題になっているといわざるを得ない。一人一人が、差別の構造をよく理解し、それに加担しないように努力していくしかない。

191　行政活動の国葬

1.08/2023

政府は、２０２２年12月22日、国葬に関する「意見聴取結果と論点の整理」報告書を公表した。年が改まったからと言って、国葬問題をうやむやにするわけにはいかない。内容を検討しておこう。

報告書を読むと、昨年の国葬は内閣限りの判断で実施できる「行政活動」の一種だ、と考える憲法学者は多いようだ。ただ、行政活動なら、政府が設定する行政目的があるはずだ。行政活動の是非を検証するなら、「目的はどの程度、達成できたか」と有識者に問うのが筋だろう。

ところが、政府は「今回の国葬にどんな意義があったのか」を質問している。ここに言う「国葬の意義」は、文脈や有識者応答から「国葬の目的」と同義だ。政府が設定すべき行政目的について、事後検証の場で有識者に「目的は何だったのでしょう」と聞くのは、不条理極まる。

報告書には、国葬は「成果を得るために行うものではない」と特に目的はなかったとする見解、「時代の区切り」を「思い出す」目的だったとする見解、そうしたい人に「個人を偲《しの》ぶ」機会を与える目的だったとする見解等がある。いずれも末尾は「と思う」「考える」等となっており、「私の考える目的」に過ぎないとの自覚があるようだ。政府が示さない目的を客観的に断言できるはずもなく、有識者も困惑しただろう。

国葬の目的が定まらないことは、平等原則の検討にも影響を与えている。

特定人物の葬儀だけを「国葬」にすることの平等原則適合性については、（1）今回の国葬は「利益」の付与を伴わないから、特別扱いではないとする見解と、（2）国葬は特別な功績をたたえるとの「利益」が付与されるが、首相在任期間が最長であることから、特別扱いに合理性があるとする見解の二つが見られる。

政府が儀式の目的を明示しなかったため、利益付与があるか否かについてすら、識者の見解は一致しない。これでは、議論を深めようがない。

政府は、なぜ国葬の目的や性質を明示しなかったのか。

一般に、「国葬」という名称は、「国家が特別の名誉を付与する儀式」という印象を与える。しかし、そうした儀式を行えば、「対象者を特別の功績がある者として扱いなさい」と国が国民に要求することになり、内心への介入だとの批判を免れない。また、首相在任期間の長さを称賛することに対しては、「長期にわたって権力の座に留《とど》まることは、権力の腐敗を招くものであり、公共の福祉に反する」との批判を招く。

そこで、政府は途中から、故人の特別な功績への言及を回避し、故人が特別な象徴として祭り上げられないよう、今回の国葬を「故人に対する敬意・弔意を示す儀式」と定義づけるようになった。その結果、通常の「葬儀」との違いが分からなくなり、行政目的も見失われた。

憲法違反回避のためには、特別の功績をたたえるのを避けたのは賢明な判断だった。しかし、特別の功績がないなら、なぜその人だけを「国葬」にしたのかが説明がつかなくなる。そこで、「国葬」は単なる「葬儀」となったわけだ。すると今度は、公費を出す意味が分からなくなった。

行政活動をするなら、公共的な目的の設定が肝要だ。

192 辺野古埋め立て承認 上告棄却

1.22/2023

■辺野古訴訟　県の上告棄却
名護市辺野古の新基地建設を巡り、県の埋め立て承認撤回を取り消した国土交通相の裁決は違法として、県が裁決の取り消しを求めた抗告訴訟の上告審判決で、最高裁第1小法廷（山口厚裁判長）は8日、県側の上告を棄却した。裁判官5人全員一致の結論で「県には取り消し訴訟を起こす適格はない」とした。中身の判断に踏み込まず門前払いの却下とした二審福岡高裁那覇支部の判断が維持され、県の敗訴が確定した。（2022年12月9日付「沖縄タイムス」）

昨年の12月8日、最高裁は、辺野古埋め立て承認に関する事件で、沖縄県の上告を棄却した。直接の争点は、行政事件訴訟や地方自治法にかかわるものだが、憲法問題を含み、立法論の課題も示している。検討しておこう。

2018年、沖縄県は辺野古新基地建設のための埋め立てを認めない処分（仲井眞弘多知事による埋め立て承認を翁長雄志知事が取り消す処分）をした。これに対し、沖縄防衛局は、国土交通大臣に「審査請求」をした。審査請求とは、行政処分を受けた者が、その取消などを求め、上級行政庁の裁決を求める手続きだ。

沖縄防衛局も国土交通大臣も、内閣の指揮下にある国の機関だ。大臣が防衛局の求めを拒否するはずもなく、沖縄県の処分は取り消された。この裁決を違法と訴えたのが、今回の事案だ。

まず問題となるのは、沖縄防衛局が審査請求をできるのかだ。これができるのなら、自治体による国への処分を国が覆せることになり、地方自治が機能しなくなる。

沖縄県が、この点を争点に訴訟を起こした。

最高裁は20年3月26日、ここで審査請求する国は、生活保護の受給者や旅券の申請者と同様に、一般私人と同じ立場で大臣に不服を申し立てているのであり、沖縄防衛局の審査請求は適法だとした。この最高裁の論理は、「私人の立場を装ったのを追認した」と批判される。

沖縄県は続けて、大臣の裁決の取り消しを求める訴訟を提起した。しかし、今回の判決で最高裁は、県からの訴訟自体を不適法として却下した。沖縄県の訴訟を明確に認めた法律の条文はないこと、訴訟を認めれば処分の相手方を不安定な状態に置き、酷な事態となることが主な論拠だ。

確かに、生活保護の給付や旅券交付について、県の訴訟を認めれば、私人の権利が実現しない状態が長く続いてしまうかもしれない。しかし、訴訟を認めても、その間に処分は必ずしも停止せず、国に大きな不利益はない。また、**国と県は上下関係にはなく、独立した判断主体だ。地方自治を尊重するなら、審査請求の裁決について、司法が判断するのが筋だ。**

この点については、少なくとも、立法上の解決が必要だろう。沖縄県は全国知事会でこのことを訴え、知事会も22年の国への提案・要望に盛り込んでいる。

この点については、行政法の山本隆司教授が、以前から、憲法92条の「地方自治の本旨」との関係で指摘してきた。地方公共団体の権限は、住民の意思を行政に反映させる手段であり、それを否定するのは住民が持つ行政への参加権を侵害するという論理から、自治体固有の訴権を認めるべきだとしている（『行政法の新構想1』）。

住民自治の要素を排除して、国だけで判断してよい事務なら、端的に国の事務とすればいいはずだ。法律が埋め立て承認を都道府県の法定受託事務としたのは、公有水面の管理には地域住民にしか判断できない要素が多くあると判断しているためだろう。

とすれば、憲法92条から、地方公共団体固有の訴訟を提起する権利を根拠づける解釈ができないか、再検討する必要がある。

193 学術会議法改正案

2.05/2023

政府は昨年12月6日、学術会議の会員選考に「第三者」の関与を要求する「日本学術会議の在り方についての方針」を示した。2月には、その方針に基づく法案をまとめた。問題を3点指摘したい。

第1に、候補者の選定について。現在は会員の推薦で選ばれているが、法案では、「第三者」が関与し、首相に候補を推薦する段階でも、学術会議の外に置かれた「選定諮問委員会」が「意見」を述べる仕組みにするという。学術会議の会員が研究者であることからすれば、「第三者」や「諮問委員」は研究者以外の者を充てると想定される。

しかし、例えば、国会議員や企業経営者、労働組合代表などが会員選定に参加すれば会員の質が上がる、とのエビデンスは示されていない。学術会議も、昨年12月21日の声明で、立法事実が示されていない点を批判した。

学問発展には自律性が不可欠であり、学術機関の人事も、科学者による評価に基づき行うべきだ。「研究者以外の関与がない」ことは現行法の欠陥ではなく、むしろ組織の性質による要請だろう。

第2に、会員資格について。現行法では、「優れた研究又は業績がある科学者」（日本学術会議法17条）とされている。法案ではこれを、「科学、行政、産業、国民生活の諸課題に取り組むための広い経験と高い識見を有する者」に改める。

しかし、行政や産業への見識を要求すると、「この研究者は研究ばかりやっていて、行政経験がないからふさわしくない」などと、およそ学術機関とは思えない理由で、会員から排除できてしまう。この変更は、単に無益であるにとどまらず、学術会議が政治から自律した学術機関としての役割を果たす上で、非常に有害だろう。

第3に、会員選考過程について。政府は、会員選考過程が「不透明」だとする。しかし、会員に必要な資格は優れた学術業績のはずだ。そして、研究者の業績は、基本的に公表されている。会員に十分な業績があるかを知りたければ、リサーチマップなどを確認すればよい。政府が、選考過程の何を透明にしたいのかが分からない。

むしろ、不透明極まるのは、2020年秋に、当時の菅義偉首相が6人の候補者の任命を拒否した理由だ。透明化や第三者の検証が必要なものがあるとすれば、この任命拒否のプロセスだろう。

菅首相の任命拒否により、学術会議は対応を検討したり、政府と交渉したりと、多大なコストを負うことになり、本来の活動は阻害された。「菅首相のおかげで第25期学術会議の活動は充実したものになった」などという評価は聞いたことがない。

ここまでの政府の議論を見ると、今回の介入の動機は、学問の尊重や発展を促すことではなさそうだ。「軍事研究に積極的になってほしい」という本心を真正面から表明すれば、強い批判を受けるから、「第三者」とか「透明性」という言葉でごまかしたい。そんな様子が透けて見える。

しかし、真の目的を隠したまま強引に進めるのは、公正な態度ではない。**政府は、公開の場で、学術会議に介入したい理由を明確に説明し、それに対する科学者と国民の意見を率直に聞くところから始めるべきだ。**

194 元秘書官オフレコ要求　*2.19/2023*

荒井勝喜首相秘書官の更迭に関し、オフレコ破りを批判する声がある。確かに、オフレコの「約束」を、記者が破ったのは事実だ。しかし、その「約束」は、公務員が「オフレコで」と要求したのに応えた結果でしかない。「オフレコ破りが妥当か」と報道機関の姿勢を議論する前に、「オフレコ要求が妥当か」と公務員の態度を検証すべきだろう。では、どのような場合なら妥当と言えるか。

まず、いわゆる背景事情説明の場合、一概にオフレコを否定すべきではない。例えば、「政策の前提となった論文に不正の疑いがあるが、まだその確証がない」という段階で、とりあえずその政策を止めたとする。このとき、確証なしに「不正があるから止めた」と説明すれば名誉毀損《きそん》になり得る。他方で、全く説明がないと、記者は困惑し、不正確な報道になる恐れもある。こういう場合に、「まだオフレコにしてほしいが、不正の疑いがあり留保している」などと説明することに、理由がないとは言い難い。

また、記者と円滑な人間関係をつくる個人的なやりとりもある。公務員や記者も人間だから、例えば、「私は○○大学の出身です」、「ああ、実はうちの息子も○○大学で」などと、お互いの家族のことをおしゃべりすること等があろう。それを記事にすればプライバシー侵害になる。

では、今回の発言はどうか。発言は、岸田内閣が同性婚立法を進めない背景を説明する文脈でなされた。荒井秘書官は、同性愛者について、「見るのも嫌」、「隣に住んでいたら嫌」、「秘書官室もみんな反対する」、「同性婚を認めたら国を捨てる人が出てくる」などと述べたという。

政府は、同性婚法案を作ろうとしない理由を、婚姻は「子供を産み育てながら共同生活を送る」関係を保護する制度で、生殖関係のない同性カップルに婚姻を認める必要はないからだと説明してきた（２０１９年10月23日衆院法務委・河井法相答弁）。

この説明自体の是非はひとまず置いておくとして、仮に「見るのも嫌」等が本当の理由なのだとしたら、あまりにも差別的過ぎる。岸田内閣は総辞職に値する、との評価を免れない。荒井秘書官が内閣の方針の背景説明をしたつもりなら、報道には十分な公益的理由がある。

ただし、岸田首相は、２月６日、荒井秘書官の発言は、「政府方針に誤解」を与えるものと釈明した。政府方針の背景説明とはみなせない、ということだろう。

では、発言が荒井氏の個人的な差別的信条の吐露だったとしたらどうか。強い差別的信条を持つ人が、秘書官にふさわしくないのも当然で、それを報じることは国民の利益になる。むしろ、それを知っていて報じないなら、報道機関としての責任が問われるべきだ。

結局、差別の吐露にオフレコを要求することに正当性などあるはずもなく、今回の「オフレコ破り」は正当だ。

報道のせいで、秘書官らの情報提供が畏縮するとの声もある。しかし、適正な背景説明なら、オフレコは破られなかっただろう。**オフレコを約束させ、「畏縮することなく」公務員が差別発言する状況が横行しているなら、そちらの方が問題だ。**

195 部活動指導をめぐる対策

3.05/2023

　2021年1月、県立コザ高校の生徒が自ら命を絶った。遺族は今年2月、県に対して損害賠償請求訴訟を提起した。この痛ましい事案では、部活動の密室性がはらむ危険が現実化してしまった。まず、本紙の報道に沿って、経緯を確認しよう。

　亡くなった生徒が所属していた高校は、県高校総体10連覇の強豪だ。生徒は部活動特別推薦で入学し、2年生で主将となった。

　生徒は、顧問から日常的に、「部活やめろ」、「キャプテンがこんなだから負けたんだ」などと執拗《しつよう》な叱責《しっせき》を受けた。さらに、顧問からは頻繁にメールやLINEによる連絡があり、夜遅くまで及ぶこともあった。顧問の電話をすぐに取らないと叱責されるため、食事中もワイヤレスイヤホンをつけることを余儀なくされていたという。

　生徒は退部も考えたようだが、入学前に部活動の「活動継続確約書」を提出していたため、退学の心配からちゅうちょしていた。

21年2月、校長は記者会見で、顧問が過去にも、生徒の鼻に指を入れたり、体調不良の部員に「これ以上休むと成績を1にするよ」などと不適切な言動をしたりしたことを明らかにした。高校は、この事案を県教育委員会に報告せず、顧問への処分も行わなかったという。

県はこの事案について既に1度調査報告をしたが、遺族の要望と県議会決議を受け、現在、第三者再調査委員会が再調査を進めている。

今回の指導が不適切なのは、文部科学省の示す基準からも明らかだ。まず、「運動部指導でのガイドライン」は、「パワーハラスメントと判断される言葉や態度による脅し、威圧・威嚇的発言や行為、嫌がらせ等」の厳禁を明言する。また、昨年12月改訂の生徒指導提要も、「特定の生徒等に対して執拗かつ過度に肉体的・精神的負荷を与えることは教育的指導とは言えない」としている。

コザ高校の事案を見ると、指導者と生徒との上下関係に基づくハラスメントへの一般的注意の他に、部活動の密室性の解消が重要ではないかと考える。今回の事案では、顧問の過去の不適切指導が教育委員会に報告されなかったり、メールやＬＩＮＥが生徒を追い詰めたりしたことが分かっている。

しかしながら、ガイドラインや生徒指導提要には、部活動の密室性を解消する具体的施策の指摘は乏しい。メール等の利用や記録保存の基準も示されていない。

また、生徒同士のいじめについては、いじめ防止対策推進法[*1]に基づき、各学校が定期的なアンケートなどで事態を把握し、担任だけでなく学校全体で対応する体制を作っている。しかし、教員の暴言や暴力については、特別法がまだなく、いじめに比べ法的対策は遅れている。

部活動を巡る安全対策が遅れる原因の一つに、部活動が教科活動ではないため、人員配置がないままに、教員が副次的業務として顧問を担当せざるを得ない現実もあるだろう。十分な人員配置とその予算が必要だ。

密室性の高い空間はハラスメントの温床になりやすい。部活動の密室性を解消すべく、法律を作り、予算をつけ、対応を進めるべきだ。

＊1　**いじめ防止対策推進法**　いじめが、いじめを受けた児童等の教育を受ける権利を侵害し、その心身の健全な成長および人格の形成に重大な影響を与えるのみならず、その生命又は身体に重大な危険を生じさせるおそれがあるものであることに鑑み、いじめの防止等のための対策を総合的かつ効果的に推進することを目的とする法律。

196 性的少数者擁護の立法

3.19/2023

性的少数者への差別を解消するための立法に注目が集まっている。これには、「女性と自称するだけで、女湯や女子更衣室・トイレの利用を認めなくてはいけなくなる」との不安の声が少なくない。

こうした声には、「差別感情の発露だ」とする反論がある。確かに、性的少数者への配慮を一切拒否するなど、一般に「差別」と呼ばれる態度をとる人々は、浴場やトイレの問題を強調する傾向がある。「自称のみを基準に利用を認めろ」と主張しているわけでもないのに、その話ばかりされれば、当事者が差別を受けたと感じるのは当然だ。

では、実際の推進者は何を求めているのだろうか。

性的少数者の権利擁護に取り組む諸団体からなる「LGBT法連合会」は、「トランスジェンダーであることを明かしたら内定を取り消された」、「学校で教員から性的指向や性自認を侮辱するハラスメントを受けた」といった当事者の声を、「困難リスト」として紹介する。

その上で、性的指向・性自認による雇用などでの差別と、ハラスメントを禁止する法律を提案している。

現行法でも、内定取消や侮辱的な言動は差別行為として違法と認定される可能性はある。しかし、法律ができれば、より違法行為だと認定しやすくなるだろう。

また、連合会は、職場や学校での性的少数者への合理的配慮義務の規定も提案している。男女別施設の利用基準もこれに関係する。

現行法でも、施設利用の適法性は、「本人の自称」あるいは「性器の状態」等の形式基準で単純に判断されるわけではない。それらに加え、当事者の生活実態、施設の性質、施設利用者の意識などを総合的に考慮した上で、施設管理者がその状況に応じて、合理的配慮を行ったか、という基準で判断される。

当事者の要望を検討すらしなければ、当然、配慮したとは認められない。他方で、他の利用者の不安を考えれば、その性別での生活実態のない人が、「その性別を自称した」というだけで、利用を認めるべきとは言えない。曖昧さは残るが、この基準は常識的だろう。法案の推進者も、自称基準の採用を求めているわけではなく、合理的配慮義務の明文化を求めているだけだ。

推進者の主張は、以上のようなものであるにもかかわらず、女性用施設の安全・安心を懸念する声が無くならないのはなぜか。それは、「女性用施設の安全・安心は重要な価値だ」とのメッセージが、あまりにも不足しているからではないか。性差に基づく差し迫った不安・恐怖の声を、安易に「差別」と決めつけるからではないだろうか。

この点、連合会の提案は、政府が、差別解消対策の基本方針を策定することも求めている。基本方針の中に、利用者全体の声を反映した基準や調整手続きの作り方を定めたり、警備員の定期巡回など不安解消のための施策を盛り込んだりすれば、配慮の範囲を広げつつ、安心の水準も向上できるのではないか。

他の利用者の不安を解消できなければ、施設管理者が取り得る合理的配慮の範囲は限定されてしまう。**適切な立法は、全ての人の安全・安心に資するだろう。**

197　国民主権と政治家の傲慢

4.02/2023

イスラエルで司法制度の「改革」を進める動きがある。イスラエルでは、裁判官は独立の委員で選ばれる（ちなみに日本では、政府から独立した最高裁が名簿を作り、それに基づき、裁判官が任命される）。今回の「改革」案では、その委員会の政府選出委員の割合を増やすという。さらに、最高裁判決を国会の過半数で覆せるようにする内容も盛り込まれている。

その背景には、「左派」の裁判官が気に入らないという宗教右派の信条、また、占領地へのユダヤ人入植に歯止めをかける判決がしばしば出ていることへの不満があるという。今回の「改革」案を根拠づける理論として、国会議員は有権者に直接選ばれているのだから、裁判所は国会に従うべきだ、との主張があるという。

このニュースを聞いて、国民主権論の危険を指摘するもろもろの議論を思い起こした。例えば、法哲学者の長尾龍一教授は、「〇〇に主権がある」という議論には、強い弊害があると指摘する（同『リヴァイアサン』参照）。

「主権」は、何者にも拘束されない唯一神の権威に由来する言葉だ。唯一神に倣って主権者とされた者の心は、傲慢《ごうまん》になりがちだ。ロシアのプーチン大統領は、しばしば「国際社会で自由に振る舞える国家」を主権国家とし、ロシアは主権国家だが、アメリカに従属する他の国々やウクライナはそうではない、などと言ったりする。主権の理論が、今のウクライナ侵略を後押ししている面がある。

国民主権という概念も、用い方によっては、国民に選挙された議員や国民投票の結果に依拠する政治家を傲慢にさせる危険をはらむ。国民主権論を振りかざして、「国民やその代表が立法・行政・外交・軍事、そして司法に関する全てを決めるべきだ」と権力分立を否定する危険だ。

だからこそ、国民主権を適切に運用する議論がされてきた。例えば、こんな議論だ。国民主権に言う「国民」とは、議員個人のことでも、少数派を排除した有権者多数派のことでもない。それは、全ての国民からなる法人を意味する。法人としての「国民」の意思は、単純な多数決ではなく、少数派を含め全ての個人を尊重して形成されなくてはならない。

あるいは、「国民」の意思は、個々人の利害関係ではなく、公共の利益を追求する一般意思でなくてはならないという議論も重視されている。

国民主権原理の曲解は、外国だけの話ではない。近年の日本でも、内閣法制局、学術会議、沖縄の自治体への圧力など、国会や政府から独立した存在への介入の動きが目立つ。その背景に「主権者国民の代表に全ての者が従うべきだ」という理論が持ち出されることがある。

しかし、権力者の傲慢を助長するばかりでは、国民主権原理の魅力が失われる。「数の暴力」に陥らずに、全ての人が尊重される社会を実現するには、「国政選挙」とは異質な機関に権限を持たせることが不可欠だ。国民主権と権力分立は調和するものとして理解すべきだ。

イスラエルでは、司法「改革」に反対するデモが連日、行われている。日本でも、権力分立の重要性を再確認すべきではないだろうか。

198　チャットＧＰＴ[*1]の法的課題

4.16/2023

昨年11月、米新興企業のオープンＡＩ社は対話型ＡＩ「チャットＧＰＴ」を公開した。素晴らしい技術だが、個人の権利を保護する観点からは、懸念もある。

まず注目すべきは、イタリアのデータ保護当局の措置だ。当局がオープンＡＩ社の個人情報管理の安全性を調査したところ、チャットＧＰＴの学習のために、膨大な個人情報を違法に収集していた可能性が判明したという。当局は、3月31日、イタリア国内でのチャットＧＰＴの一時禁止措置をとった。

ＡＩには、法に従う動機や道徳感情がなく、法や倫理は歯止めにならない。例えば、「○○さんの住所と支持政党は?」と質問した場合、人間ならば、そうした情報を勝手に開示すべきでないことは容易に意識できるが、対話型ＡＩには無理だ。歯止めは、ＡＩの作業手順（アルゴリズム）に組み込むしかないが、それがどれだけ効果を上げるかは、未知の部分が大きい。

ＥＵの一般データ保護規則（ＧＤＰＲ）は、個人データの取り扱いの透明性や、利用方法に異議を申し立てる権利などを保障する。

この規則を前提にすれば、ＡＩが個人情報を学習する場合に、最低限、どの情報をどう使うかを説明し、本人の同意を得ることが必要になる。今回のイタリア当局の措置もＧＤＰＲ違反の疑いを根拠とする。

しかし、高度なＡＩの場合、学習したデータがどのように使われるのかをあらかじめ説明するのは不可能だ。そして、説明できないものへの同意は同意とは言えない。個人情報保護の論理を突き詰めるなら、よほど利用方法が限定できる場合を除き、ＡＩに個人情報を学習させること自体を禁止せざるを得ないのではないか。日本でも、対話型ＡＩとプライバシー権との関係を議論し、適切なルール作りをすべきだ。

また、ＡＩが学習するデータの著作者の保護も重要だ。近年の囲碁・将棋ＡＩのように、自動生成データ（ＡＩ同士の対戦棋譜など）だけで学習するＡＩなら、著作者の権利問題は生じない。他方、対話型ＡＩは、自動生成の文章だけでは学習できない。新聞・書籍・インターネットの文章や対話型ＡＩに利用者が入力した文章などのデータ学習が必要になる。

ＡＩ産業は、一部の企業が技術を独占し、多額の収益を上げる構造になりやすい。他者の著作物を無断で使って独占的収益を得ることは、公平とは言い難い。絵画やイラストを学習する画像生成ＡＩにも同じことが言えるだろう。

また、専門知に関する希少な文章は、対話型ＡＩの応答への寄与度が大きくなる。学術論文の他、新聞社が取材費などを投入して得た新聞記事も、貴重な情報として、専門的な文書の一つと言える。

ＡＩがこうした著作物を利用する場合には、利用を拒否するか、適切な利益配分を受けるかを著作者が選択できる仕組みが必要だ。その前提として、ＡＩの開発にあたり、どんなデータを学習するかの開示を義務付け、同意を得た著作物だけを利用するようにすべきだ。

チャットＧＰＴは、個人情報や著作者の権利を保護するルール作りが喫緊の課題であることを示した。日本も、早急な対応が必要だ。

＊1　チャットGPT　質問を入力すると、人工知能（ＡＩ）が文章で答える対話型の自動応答ソフト。米新興企業のオープンＡＩが開発した。膨大なデータを学習し、利用者が求める文章などを提供する生成ＡＩの一種。

199

共同養育の課題

5.07/2023

この連載は次回で200回を迎え、一区切りつけることになっている。これまで、「弱い立場の人の声に真剣に耳を傾ける」を連載のテーマの一つにしてきた。今回も、この観点から、離婚後共同親権について検討したい。

家族に関する伝統的な規範は、時に当事者を深く傷つける。それが意識され、反省が進んだ分野もある。

例えば、「誰もが結婚して子を産むべきだ」という伝統的規範を持つ人は少なからずいるが、「産まない選択への圧迫は良くない」という規範も広まってきた。このため、少子化対策では、「産みたい人が産める環境をつくるべきだ」で、「産みたくない人への圧迫になる少子化対策は正しくない」という考えが広く共有されるに至っている。

他方、離婚後の子育てについては、「両親は協力し、双方が子と平等に関わるべきだ」という規範が重視され、それへの警戒が不足している。

多くの国では、未成年の子のいる夫婦が離婚する場合に、子どもについて双方の関与を強制する法律が整備されてきた。子の進学・引っ越し・海外旅行などに、離婚した父母の合意を必要とする共同親権や、別居親との面会交流を命令する制度だ。

日本にも、別居親との面会交流を命じる制度は既にある。さらに、今年4月、法制審議会は、合意型と非合意型を分けた上で、父母が真摯《しんし》な合意をした場合、共同親権を選択できる制度を検討する方針を示した。合意型と非合意型を分けるのは合理的だし、離婚後も父母が協力できる場合はあるだろう。しかし、合意型にも課題は多い。

欧米のDVの研究者たちは「別居後の虐待（post separation abuse）」に注意を促す。従来は、加害者と別居すれば、DVや虐待から離脱できると考えられてきた。しかし、近年の研究で、別居後も加害行為は継続し、別居をきっかけにエスカレートすることも多いことが分かってきた。面会交流や共同養育のための法的手続きや書面を通じて加害を行う、「監護ストーキング」や「書面虐待」の存在も指摘されている。

それらを防ぐには、裁判所が被害の訴えに丁寧に耳を傾ける必要がある。しかし、別居後の虐待に関する研究によれば、「離婚後も父母は協力すべきだ」という規範が強い力を持っているため、被害者が加害を訴えたり、共同監護・共同親権を拒んだりすると、裁判所に「協力する責任を果たしていない」との評価を受け、監護や親権について不利に判断される傾向があるという。

日本の面会交流手続きについても、同様の指摘をする専門家がいる。また、「離婚後も父母が協力すべきだ」という規範は、「離婚後に父母が不仲なのはかわいそう」という視線をつくる。合意型共同親権制度の下では、単独親権は両親不仲の事実を示すことになり、子へのスティグマ（負の烙印《らくいん》）になりかねない。それは不本意な合意に向けた圧力になり得る。

法律家もメディアも、「父母の共同養育・子との接触は良い」との素朴な思い込みが重大な危険を招くことを自覚すべきだろう。親権の議論の前に、別居後の虐待について十分な理解が必要だ。それには、被害者の声に真剣に耳を傾けるしかない。

200 表現の自由の保護

5.21/2023

8年にわたるこの連載も今回が最終回だ。最後に、憲法が特に手厚く保護する表現の自由について検討したい。

戦後の人権論をけん引してきた奥平康弘教授は、表現の自由には、個人的な価値だけでなく、公共的な価値があることを強調してきた。社会に流通する情報が政府都合で選別されれば、政治・経済・学問・芸術といったあらゆる分野で、人々が有意義な情報に触れられなくなる。ただ、表現の自由は、表現者自身にはさほどの利益をもたらさないので、ささいな攻撃でも畏縮してしまう。だから、表現の自由は手厚く保護されねばならない。この古典理論は、今でも有効だ。

他方で、今から30年ほど前、樋口陽一教授との対談（『講座憲法学3権利の保障1』所収）で、奥平教授は、「表現の自由だから、そこのけ、そこのけ、お馬が通るという議論を少しし過ぎたような気がする」と述べている。もともと、表現の自由を手厚く保護したのは、圧倒的な力を持つ国家による攻撃から、弱い立場にある表現者を守るためだった。しかし、「被害者は歴然とあり、その被害者というものと、報道の自由を主張する側」が同じレベルに立つことが多く出てきたという。ここで奥平教授が挙げた例は、名誉毀損《きそん》や犯罪報道、女性に対する暴力的な表現などだ。

この傾向は、2000年代の情報技術の発展で、ますます強まっている。例えば、匿名掲示板やSNSでの差別表現は、国内外で多くの深刻な事件を引き起こした。

ウトロ地区（京都府）の放火事件やあいちトリエンナーレへの脅迫事件の背景には、インターネットで大規模に拡散した差別表現がある。アメリカでは、匿名掲示板の差別表現が銃乱射事件の温床になる危険が真剣に指摘されている。

政治家やインフルエンサーが、集金・集票・集客などの手段として差別表現を「活用」しているかのような場面もある。表現の自由は畏縮しやすいと言われてきたが、利得と結びついた差別表現は、そう簡単には畏縮しない。

急速に発展した文章・画像の自動生成AIは、もっともらしいフェイクニュース・写真を大量・自動的に生成できる。これによる名誉毀損等の被害に対処するため、日本では、昨年、プロバイダー責任制限法を改正し、加害者を特定しやすくした。EUは、AIの包括規制をつくろうとしている。今後も、表現行為に公権力の発動を必要とする場面は増えてくるだろう。

表現の自由は、公権力から守られねばならないのと同時に、公権力によって守られねばならない。そのバランスは、どうすればうまく取れるのだろうか。先ほど紹介した対談で、樋口教授は次のような指摘をした。（1）政府による言論規制を押し返す議論と、（2）差別的言論等を制約すべきだとする議論とは、一見矛盾する。しかし、「個人の擁護ということで統一されている」。公権力であれ、新しい技術を使った匿名表現であれ、個人の尊厳を害してはならないのは共通するのだ。

本紙も、沖縄の人たちの知る権利に応え、沖縄の立場を発信するために貴重な存在だ。今後も、伝統と責任のある沖縄の報道機関としての活躍に期待したい。

表現の自由の保護———2023 年 5 月 21 日

【付記】

ＬＧＢＴ差別禁止法と自らの性に合う扱いをしてもらう権利

ＬＧＢＴ差別禁止法の話になると、トイレ・お風呂やスポーツの話が持ち出されがちだ。この傾向は「ＬＧＢＴの差別されない権利」の理解が誤っており、また、当事者を傷つける点で許しがたい。整理してみよう。

出発点として、①性別による区別がない・すべきでない場面において、「性的マイノリティであることを理由に差別されない権利」と、②性別による区別が必要・正当とされる場面で、「自らの性に合う扱いをしてもらう権利」とは別の権利だと理解する必要がある。

①性的マイノリティであることを理由にした差別の典型例は、同性愛を理由にした学校でのいじめや、雇用でのトランスジェンダー排除だ。ＬＧＢＴ差別禁止法は、主としてこうした差別の禁止を目的にしている。この法律の必要性を否定する人は、「差別的」と言われても仕方がない。

他方、トイレやお風呂、スポーツでは、②男女の区別が必要・正当であることを前提に、それぞれのケースで、どのような基準で男女を区別するのかが問題となる。ここでは、「性的マジョリティと性的マイノリティの区別」(性的マイノリティであることを理由にした差別) が行われるわけではない。

②男女の区別基準については、「絶対自称基準：どんな場面でも一律に本人の自称で決める」と「絶対性器基準：どんな場面でも一律に性器の形状で決める」という二つの極端な立場が提示されることがある。しかし、少し考えれば分かるように、いずれも現実的には機能するはずがない。

まず、絶対自称基準は、いわゆる「本人が女湯に入ると言ったら女湯に入れる」基準だが、当事者の大半はそんな基準を求めておらず、妥当だとも言っていない。法律家の多くも、そんな基準を採用すべきとは言っていない。絶対的自称基準の背景には、女性保護のために女性専用空間を確保してきた歴史に対する反感、より端的に言えば女性に対する攻撃の意図が見えることも少なくない。他方、絶対性器基準もナンセンスだ。例えば、トイレ利用の際に、性器の形状を確認することなどできるはずがない。

当然のことながら、②男女の区別は場面ごとに個別判断するしかない。一口に「男性」・「女性」・「トランスジェンダー」と言っても、性別適合手術を希望するか、どのような服装をしたいか、本人がどのような扱いを望むかは様々だ。現在の法運用では、お風呂など性器を露出する場では性器形状で判断せざるを得ないとされ、トイレでは本人の生活状況やいわゆる「パス度」で判断される。スポーツの場面では、そのスポーツの特性に照らして、どのように振り分けるのが公平かという観点から基準作りが進む。こうした区別は「人ごと」ではなく「場面ごと」に判断されるため、ある場面では男性と扱われ、他の場面では女性と扱われるというトランスジェンダーの人も出てくるだろう。

男女のいずれに区分すべきか判断の難しい事例はあるが、それは「男女の区別」によって生じたことであって、「性的マイノリティの権利保障」によって生じた問題ではない。ある場面での判断基準が不当と感じるなら、その場面によりふさわしい基準を提案すればよい。

こう整理してみると、ＬＧＢＴ差別禁止法の話でトイレやお風呂、スポーツの話を持ち出すのは、「当事者の求める『差別されない権利』の話などどうでもよく、男女の区別基準の話だけをしたい」という態度の表明だということが分かる。そんな態度をとられれば、当事者が傷つくのは当然だろう。

最近では学校教育でもディベートが注目され、メディアでも討論番組が盛んだ。しかし、そうした場で「トランスジェンダーの権利」をテーマにすると、しばしばトイレやお風呂などの問題に終始しがちで、有害無益だ。やるなら、①性的マイノリティへの差別が許されないことを確認した上で、それとは独立に、②場面ごとの男女区別の根拠と、適切な区別基準について検討すべきだろう。

差別の問題は、問題を丁寧に切り分けて議論することが大切だ。

一般社団法人全国手話通訳問題研究会機関誌『手話通訳問題研究』１６５号（２０２３年8月16日）所収

あとがき

本書には、沖縄タイムスの連載「憲法の新手」の２０２１年４月から２０２３年５月の最終回までの原稿が収められている。一般社団法人全国手話通訳問題研究会の研究誌「随想」に掲載された原稿も、連載テーマと深くかかわるので、併せて収録していただいた。

この連載が始まったのは、２０１５年の３月だ。沖縄タイムスの記者・下地由実子さんと與那覇里子さんからインタビュー取材を受け、その数週間後に連載の依頼を受けた。

タイトルの「新手」とは、将棋用語の一つで、公式戦未登場の新しいアイデアがこめられた手のことだ。将棋というゲームの特性上、過去の対局をなぞるだけでは結果は見えている。だから、プロ棋士たちは、日々、研究に研究を重ね、アイデアを磨き、新手を発見しようとする。「憲法の新手」というタイトルは、憲法学がまだ発見していない何かを発見するために努力しようという気持ちを込めたものだった。

最初のうちは、タイトルの趣旨に沿った原稿を月に２回も書けるかと不安だった。しかし、連載を続けているうちに、日々報道される事件や事柄には、人権や権力分立の観点から検討されるべきことがあふれていると実感した。担当の宮城栄作さん、稲嶺幸弘さんをはじめ、沖縄タイムスの皆さんからは、「この問題についての原稿を読んでみたい」「この原稿はとてもよかった」といったやる気を鼓舞するコメントをもらい、読者の皆さんからはしばしば激励の言葉をいただいた。勤務校には、沖縄出身の学生や大学院生もいて、ご自身やご両親が連載を読んでいるといううれしいメッセージをもらったりした。皆さんのおかげで8年間、連載を続けることができた。

連載を通じて、憲法問題を考えるときに、歴史や経緯を無視することがしばしば暴力になる、ということを実感した。辺野古の埋め立て問題を、歴史や経緯を無視して、抽象的に「とある海の埋め立て問題」と扱うことは暴力そのものだ（環境問題や生物多様性問題と見ても、十分に問題なのは確かだが）。戦後に本土の反基地運動を受け、米軍基地が沖縄に移設されたこと。当時の沖縄は米軍占領下で、沖縄の人々の日米両政府への発言力は著しく弱められていたこと。こうしたことを踏まえると、辺野古の埋め立ては、憲法で民主主義を標榜する両国にとって、間違いなく汚点となるだろう。

連載では、子どもの権利についても多く扱った。学校で起きるいじめや不適切指導は、通り魔のように突然加害者が現れるのではない。学校の人間関係の中で、時間をかけて加害的な状況が形成される。

幸い今はデジタル化が進み、沖縄タイムスの記事も、公式サイトで過去にさかのぼって読むことができる。原稿執筆時には、テーマになった事件や事故・基地問題・政治問題などについて、記事を検索してさかのぼり、歴史と経緯を学んで考察をまとめた。この体験を通じ、新聞記事は、発表から時間を経過したものも含めて、全てが沖縄と人類の財産であると痛感した。私の書いた原稿も、皆さんの財産になっていると信じたい。

連載を通じ、沖縄タイムスの皆さんと読者とともに、憲法問題を広く深く検討できた。このことは、私のかけがえのない経験である。各氏に厚く感謝したい。

木村草太

著者

木村草太（きむら・そうた）

1980年横浜市生まれ。東京大学法学部卒業、同大助手を経て2006年から首都大学東京（現・東京都立大学）准教授を務め、2016年4月から同大教授。主な著書に「憲法の創造力」や共著「憲法の条件－戦後70年から考える」、「社会をつくる『物語』の力」、「憲法学者の思考法」（青土社）、子ども向けの憲法入門として「ほとんど憲法」（河出書房新社）など多数。ブログは「木村草太の力戦憲法」。X（旧ツイッター）は@SotaKimura

木村草太の憲法の新手 4

2023年11月20日　初版第1刷発行

著 者　木村 草太

発行者　武富 和彦

〒900-8678 沖縄県那覇市久茂地2-2-2

発行所　沖縄タイムス社　　印刷 アイドマ印刷

電話（出版コンテンツ部）098-860-3591 FAX098-860-3830

http://www.okinawatimes.co.jp

ISBN978-4-87127-304-6 C0032 Printed in Japan